Ahorra impuestos en todo

Ahorra impuestos en todo

Trabajo, vivienda, herencias e inversiones

ANDRÉS MILLÁN

EDICIONES DEUSTO

© Andrés Millán, 2026
© de las ilustraciones, Andrea Pedrosa Luque, 2026

© Centro de Libros PAPF, SLU., 2026
Deusto es un sello editorial de Centro de Libros PAPF, SLU.
Av. Diagonal, 662-664
08034 Barcelona
www.planetadelibros.com

Diseño de colección: Sylvia Sans Bassat

Primera edición: abril de 2026
Depósito legal: B. 24.789-2026
ISBN: 978-84-234-4044-3
Composición: Realización Planeta
Impresión y encuadernación: Gómez Aparicio Grupo Gráfico
Printed in Spain - Impreso en España

A mi padre, por ayudarme en todo.
A mi madre, por estar ahí siempre.
A mi novia, Baba, por hacerme mejor.
A mi mejor amigo, Anse, por motivarme.
Y a mi yo del pasado por no poner
nunca una excusa a una oportunidad.
Esto es sólo el principio.
Os quiero mucho.

Sumario

Introducción

Los impuestos no pararán de aumentar (protégete)

Empecé a preocuparme por la fiscalidad en cuanto empecé a ganar mis primeros euros trabajando como autónomo. Cuando eres asalariado y no inviertes, no eres consciente de todo el dinero que se te va en impuestos, y como no eres consciente, no haces nada por evitarlo, pero siempre hay alternativas —incluso como asalariado las hay—, y las veremos en detalle.

Además, en este libro te animaré a tener más fuentes de ingresos que, fiscalmente, estén mucho más optimizadas que el trabajo. Para empezar, porque, en España, el trabajo es lo que más gravado está. Sí, como lo oyes, aquello que menos suele gustar a la gente, lo más duro para la mayoría, lo que muchos ricos no tienen que hacer si no quieren, porque ya viven de sus inversiones... es lo que más impuestos paga en España. Llegas a pagar el 54 por ciento de IRPF (y esto después de quitarle lo correspondiente a las cotizaciones sociales, que rondan el 36 por ciento sumando la cuota obrera y empresarial). De hecho, poco a poco irá incrementándose más y más la brecha entre salario bruto y salario neto, e irán introduciendo diversos impuestos y pseudoimpuestos disfrazados de cotizaciones (como el MEI).

Es la deriva inevitable de un Estado que cada vez gasta más y necesita extraer el dinero de alguna parte para financiar dicho gasto.

Grábate, por favor, esta frase en tu mente:

Los impuestos y cotizaciones continuarán aumentando.

El sistema fiscal moderno premia el capital y la deuda, y castiga el trabajo y el ahorro productivo. Prefieren que el dinero circule y se invierta, porque eso impulsa el PIB nominal y la recaudación.

Penalizar la inversión sería frenar el propio crecimiento financiero y bursátil del que dependen —y aun así, lo harán hasta el máximo que puedan—, pero el trabajo lo exprimirán hasta superar los límites confiscatorios.

La venta de productos y servicios lleva IVA, pero la inversión financiera está exenta (acciones, oro, bonos, deuda pública...). Además, como veremos, la inversión tiene mucho más margen para el diferimiento fiscal y la compensación de pérdidas y ganancias. También suben cada año las cotizaciones para asalariados y autónomos, pero a la inversión no pueden ponerle cotizaciones sociales... Por eso te digo que, en la actualidad, la inversión está mucho más incentivada que el trabajo. Pero, claro, la mayoría de la gente —entre la cual me incluyo— tiene que trabajar para poder invertir, y el es el dinero obtenido currando el que canalizan hacia la inversión para no perder poder adquisitivo por la inflación.

Entendido. Tenemos un problema: alguien ataca nuestro dinero. Pero, ahora, defendámonos. Voy a diseñarte un plan fiscal que englobe las cuatro principales áreas de nuestra vida, que trataré de forma práctica, para que entiendas cómo funciona cada uno de ellas y sepas cómo manejarte desde ya, sin importar la edad que tengas.

1. Trabajo
2. Vivienda
3. Sucesiones y donaciones
4. Inversiones

Este libro no es un manual de fiscalidad, porque el aburrimiento para ti sería infinito, y yo no disfrutaría tanto escribiéndolo.

Desde que empecé la carrera de Derecho me di cuenta de que mucha de la información que brindaban mis profes no me interesaba, pero, claro, era la que entraba en el examen, así que me dediqué a tomar apuntes en dos libretas diferentes. En una anotaba lo necesario para conocer la teoría, hacer los deberes, estudiar, etcétera, pero —aquí viene la clave— lo más importante de toda la carrera fue la otra libreta. Cada vez que un profesor dejaba la monótona charla teórica, hacía un paréntesis y se disponía a comentar una situación de la vida real, yo prestaba atención de verdad y escribía con todo detalle lo que contaba para contrastarlo con los códigos, internet y la jurisprudencia al llegar a casa.

Siempre me ha interesado la aplicabilidad práctica de las cosas. Siempre he querido entender el porqué de las leyes y cómo usarlas para que los míos y yo vivamos mejor. Y eso es lo que te voy a transmitir; en este caso, desde el punto de vista de la fiscalidad, de los impuestos. Dedicaré este libro al análisis de cómo proteger tu patrimonio, que tanto te ha costado ganar.

Le tengo un respeto inmenso al trabajo ajeno. Por eso le he dado tantas vueltas a este libro, porque quiero abarcarlo todo, pero sin quedarme en lo superficial. Quiero que de verdad te sirva para conservar la mayor cantidad posible de tus ganancias en tus bolsillos.

Absolutamente todo lo que leerás en este libro está dentro de la ley, pero no son caricias que te ahorran un poquito de impuestos, como hacen la mayoría de los supuestos «asesores fiscales» españoles, que no dejan de ser meros gestores que te aprueban el borrador de la renta y te presentan las declaraciones trimestrales sin mojarse. Esto se debe a que cualquiera puede ser asesor fiscal: no hace falta ningún título, grado, curso, ni nada. Por tanto, ten esto muy en cuenta cuando te fíes del primero que se presente como tal y te diga que monta una sociedad en Indochina para no pagar impuestos y con cero riesgo.

Sin embargo, la mayoría de los asesores son cero agresivos; de hecho, son demasiado conservadores, porque su trabajo es más fácil y el riesgo, menor. Aun así, llega un punto en el que minimizan tanto el riesgo, que no ayudan en nada que no pudiera hacer una IA. La mayoría de ellos están tan saturados de trabajo, que actúan como meros gestores. Es decir, te hacen la declaración de la renta y te presentan algún que otro modelo trimestral, pero en verdad no se detienen a estudiar tu situación al completo para analizar el mar de posibilidades existentes.

Para ello, lo ideal suele ser una combinación entre un gestor patrimonial, que te ayude a elegir en qué activos invertir, y un asesor fiscal, que optimice dichas inversiones fiscalmente. Intentaré comprimir qué he aprendido de ambos expertos a lo largo de mi vida.

La filosofía centrada en encontrar soluciones me llevó a montar un despacho de fiscalidad llamado Zona Fiscal, para atender a empresarios con negocios innovadores, *influencers*, *youtubers*, etcétera, gente que no encuentra a nadie para que le proporcione asesoramiento fiscal de verdad, y no una mera gestoría.

Dado que la ley no logra adaptarse a las nuevas realidades, y las entorpece en gran medida, lo que buscamos es permitirte enfocarte en tus negocios simplificando las cosas, que es lo que debería hacer la Administración. Conozco infinidad de emprendedores que pasan más tiempo lidiando con las rigideces relacionadas con las obligaciones burocráticas, como configurar correctamente el adecuado cobro del IVA a todos sus clientes. No puede ser que las pymes de nuestro país pasen más tiempo cumpliendo normativas que produciendo y aportándonos valor a todos.

Este libro está escrito para gente que es residente fiscal en España, como es el caso de la gran mayoría de los españoles, salvo el Rubius o el hermano de Pedro Sánchez. De hecho, veremos sus casos por encima para que compruebes si tú también puedes utilizar sus estrategias. También veremos por qué, gracias a un famoso futbolista, en España los extranjeros pagan muchos menos impuestos que tú y cómo podrías aprovecharte de esto.

También veremos qué herramientas fiscales podemos usar para tomar decisiones estratégicas relacionadas con el cuidado y optimización de nuestro patrimonio en cada ámbito vital:

Trabajo: en este primer bloque vamos a explicar qué son los impuestos y dónde los pagarás. Explicaremos si es que puedes pagar impuestos en otro país más amigable estando en España y cómo curiosamente trabajando es por la cosa que más impuestos pagas en tu vida. Lo repetiré bastante: lo que normalmente menos le gusta hacer a la gente es justo lo que más penalizado está.

Vivienda: de los alquileres a la compraventa, pasando por el uso turístico; el gran problema de las segundas residencias; y la inversión que mayores bonificaciones fiscales tiene en España.

Herencias: la importancia del testamento y qué pasa si no lo haces, las cláusulas interesantes..., y por qué casi siempre se enfadan las familias por este tema. Ojo, quizá tienes veinte años y aún no tienes nada en propiedad, ni hijos, pero no importa: debes ir sabiendo esto no sólo para aplicártelo a ti mismo en el futuro, sino porque podrás asesorar a tus padres, abuelos o amigos, y evitar perder miles de euros en impuestos o en disputas inútiles y enfados.

Inversiones: poco a poco vamos a entender por qué por trabajar es por lo que más impuestos pagas, por qué tiene sentido invertir, qué jugadas son las menos castigadas fiscalmente y cuál es mi inversión favorita.

El objetivo del libro es abarcar muchísimas materias, de tal forma que seas consciente de qué caminos podrías tomar ante cada decisión que se presente en tu vida y esté afectada por la fiscalidad y, por lo tanto, por la ley: el derecho.

¿Sabes qué pasa?

Que el derecho son las reglas del juego al que todos jugamos. Queramos o no. No existe una sola situación en nuestra vida en que no intervenga de una forma o de otra.

Y lo mismo con los impuestos, pagamos impuestos por absolutamente todo lo que hacemos: todo.

Si trabajas, pagas entre un 19 y un 54 por ciento de IRPF.

Si compras algo, casi siempre pagas el 21 por ciento de IVA.

Si te regalan algo, pagas donaciones (y el que dona también paga).

Si compras un piso, pagas ITP o IVA más AJD, notaría, registro, gestoría.

Si lo alquilas, pagas IRPF o sociedades por esos ingresos.

Si inviertes, tributas por dividendos y por plusvalías.

Si tienes patrimonio y hasta si dejas el dinero en el banco, pagas patrimonio.

Y la lista sigue:

Si tienes un coche, al comprarlo pagas el impuesto de matriculación y cada año el de circulación, y cada litro de gasolina lleva más de la mitad de su precio en impuestos.

Si contratas un seguro, lleva su impuesto específico más IVA.

Si vuelas, hay tasas aeroportuarias incluidas en el billete.

Si pides un crédito, el banco paga AJD y lo repercute en condiciones.

¡¡Hasta si te mueres!!, tu familia paga sucesiones.

Podría escribir un libro sólo poniendo en fila los impuestos que pagamos.

En definitiva, cada movimiento económico en España tiene un peaje fiscal: trabajar, gastar, ahorrar, invertir, heredar, conducir, vivir o morir. El sistema está diseñado para que cualquier flujo de dinero —sea ganar, gastar, transmitir o incluso poseer (impuesto al patrimonio, IBI...)— tenga detrás una obligación tributaria. Por eso, si reducimos dicha obligación, todo flujo de dinero puede ser maximizado.

Unos impuestos excesivos te quitan la capacidad de ser virtuoso, ya que de forma coercitiva te extraen parte de tus ganancias para fagocitarlas de manera subóptima, gran parte se pierde por el medio en tareas inútiles... y lo que sobre se redistribuye. Si observas adónde se destinan los impuestos, verás que el gasto principal es el pago de pensiones. Pensiones que, por cierto, no son las que cobrarán los trabajadores en activo, sino las que cobran los actuales jubilados, ya que nuestro sistema es de solidaridad.

Esto significa que tus cotizaciones se usan para pagar las pensiones actuales. Y a cambio, un político te promete que en el futuro ocurrirá lo mismo con tu pensión. Lo bueno es que en España la esperanza de vida no para de aumentar, y ya supera los ochenta y dos años. Lo malo es que este sistema de pensiones se creó cuando la esperanza de vida era de veinte años menos y había más del doble de trabajadores por pensionista que en la actualidad.

Gráfico 1. Partidas de gasto público

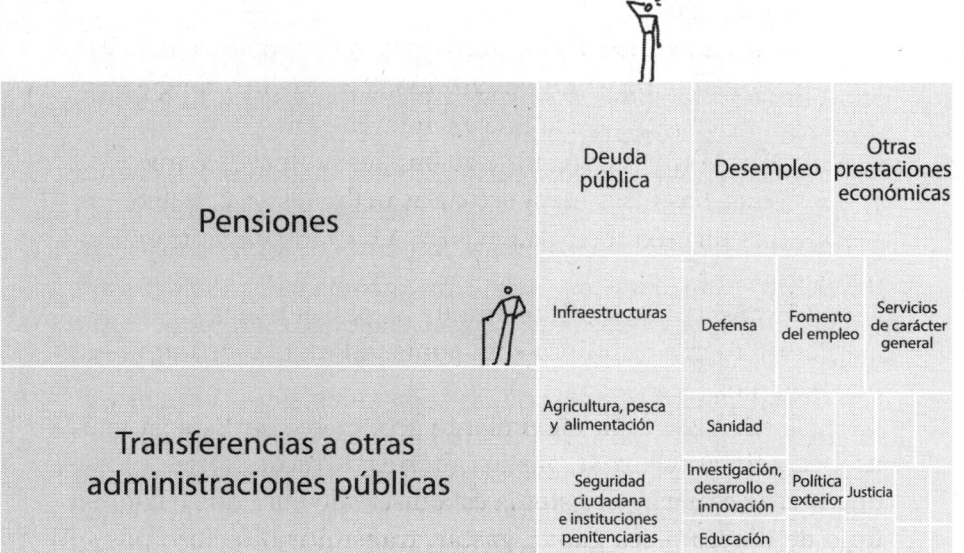

El sistema es insostenible, pero ningún político cortoplacista llevará a cabo la reforma estructural necesaria, y por eso no pararán de extraer dinero presente con la promesa de un beneficio futuro que puede darse o no. Lo único seguro, y que ya es ley, es que cada vez habrá que trabajar más años para jubilarse más tarde. En el gráfico 1 puedes ver adónde se destinan tus impuestos. Fíjate que casi la mitad de lo recaudado se va en pensiones; después tenemos las transferencias a otras administraciones públicas, entre las que se encuentra Sanidad, pero también sueldos de políticos inútiles y duplicidades varias, y la tercera partida es la deuda pública, es decir, los intereses que España paga a sus prestamistas a cambio de dinero para gastar en el resto de las cosas.

Todo es un juego de dinero.

Insistiré mucho en que, para ganar más dinero, no hay que trabajar más, sino de la forma más inteligente en algo que aporte valor, de la índole que sea. Si en tu trabajo te suben el sueldo el 5 por ciento porque trabajas más, genial, pero tal vez, si aplicases una reducción determinada o cualquier tipo de bonificación en cualquier área de tu vida, ahorrarías el 10 por ciento o más en impuestos. Encima, cuanto más ganes, más impuestos pagas en el IRPF.

Por tanto, la idea es aumentar tus ingresos del trabajo e inversiones a la par que lo combinas con una buena estrategia fiscal multifactorial para optimizar la pasta que llega a tu bolsillo. Eso es lo que aprenderemos.

Empecé a obsesionarme con este tema cuando me di cuenta de que, desde mi empresa, estaba generando un beneficio de 10.000 euros, por el que pagaba el impuesto de sociedades (el 25 por ciento) y luego me lo pasaba a mi persona como dividendo, y pagaba el 19 por ciento más. Al final me quedaban unos 6.000 euros.

¿O sea, que los ricos están pagando muchísimos impuestos? Pagan más que tú, eso seguro. Pero me di cuenta de que, proporcionalmente, los ricos de verdad pagaban mucho menos: porque invertían y, por tanto, tributaban por el 30 por ciento, menos que por el trabajo; porque no se pasaban el dinero de la empresa a su persona, y evitaban así tributar en impuesto de sociedades y luego en IRPF; porque usaban infraestructuras societarias; y porque usaban la deuda buena para financiarse sin tributar por su dinero (esto es lo que se llama «pignoración»), entre otras estrategias.

¿Y qué trucos utilizan? Esto lo aprenderemos en este libro. Algunos te servirán ahora mismo. Otros te servirán en el futuro, o le servirán a algún amigo o familiar tuyo.

Pero, sobre todo, te daré la tranquilidad de que conocerás las principales estrategias fiscalmente más eficientes a nuestra disposición en España. Para que, como mínimo, te suenen y puedas comentarlas con un buen asesor fiscal.

Tendrás la caja de herramientas lista.

PRIMERA PARTE

CONCEPTOS BÁSICOS

1

Entiende el dinero

Para proteger tu patrimonio, primero debes entender el dinero, porque el dinero es en sí mismo una inversión en la moneda en que almacenes el poder de compra. Tu dinero es un activo.

Si tienes el dinero en una cuenta normal de un banco normal, eres prestamista del banco a un −3 por ciento TAE; o tienes una cuenta remunerada al −3 por ciento TAE: como prefieras pensarlo. Ése es el poder adquisitivo que, como mínimo, pierden cada año tus ahorros parados en un banco (esto se debe a la inflación, que en verdad es mayor de lo que nos dicen).

El euro ha sufrido una depreciación frente a los bienes que consumimos de más del 60 por ciento desde su creación hace un cuarto de siglo, por lo que tener el dinero ahorrado sin ser invertido sólo te habría servido para perder el 60 por ciento de su valor. Con el dólar y la libra esterlina es aún peor, ya que existen desde hace más años y se han devaluado en más del 99 por ciento. Si lo hubieras depositado en una cuenta remunerada del 1 o el 2 por ciento de rentabilidad anual, al menos habrías conservado una parte. Pero si no lo has hecho..., muy mal.

El dinero supone aquello a lo que canalizamos nuestra energía productiva durante ocho horas al día y la herramienta que usamos para comprar parte del ocio del que disfrutaremos después. Tiene, por tanto, una gran importancia en nuestra existencia, y aun así casi nadie entiende por completo el dinero.

EL DINERO ES CONFIANZA

El dinero es un medio de intercambio aceptado por la sociedad para pagar bienes, servicios y obligaciones. Lo habitual es que se presente en forma de billetes y monedas, aunque lo importante no es el soporte físico, sino la confianza de que servirá para cumplir con dichas funciones. El dinero es confianza.

¿Por qué ese papel, y no otro? Porque confías en su emisor. Un país, un banco central o incluso un emisor privado algún día. De hecho, la mayor parte del dinero ni siquiera es un papel, ni existe físicamente en forma alguna, sino que es una mera anotación contable en un sistema informático del banco. Por eso hay muchas más anotaciones contables que dinero físico. Y, por eso, si todo el mundo fuera a sacar el dinero del banco a la vez, éste no podría dárselo.

Durante mucho tiempo, el dinero estuvo respaldado por oro almacenado en reservas de los bancos centrales. Cada dólar tenía detrás unos gramos de oro que lo respaldaban, y eso implicaba que no podía haber más dólares en circulación que oro almacenado por el correspondiente banco central. Eso le otorgaba un valor sólido, ya que el oro era —y sigue siendo— escaso y difícil de obtener.

Durante toda la historia del ser humano sólo pudo ser usado como dinero aquello que fuera escaso, porque si no lo fuera, no tendría valor, ya que cualquiera podría obtenerlo sin esfuerzo alguno y, por tanto, no realizaría favores (trabajo) a otras personas para obtenerlo.

En ese sistema anterior, los bancos sólo podían emitir billetes que representaran una cantidad concreta de oro guardada en sus bóvedas. El caso de Estados Unidos es un ejemplo claro. Durante décadas, cada dólar que tenía una persona se correspondía de forma directa con una cantidad específica de oro almacenada en una bóveda. Esto es importantísimo. Hasta hace cincuenta años, el billete no era más que una nota que equivalía al metal precioso. Así se evitaba la incomodidad de transportar lingotes, y se los sustituyó por documentos más prácticos y fáciles de usar.

Sin embargo, este sistema se consideró limitante. Los gobiernos descubrieron que podían emitir más dinero sin necesidad de aumentar la cantidad de oro ni la productividad, lo que les permitía estimular la economía y endeudarse muchísimo.

En 1971 se abandonó definitivamente ese modelo con el fin del sistema de Bretton Woods. Desde entonces, el dinero dejó de estar respaldado por metales preciosos: lo que lo sostiene es sólo la confianza que las personas y los mercados depositan en él.

Sin embargo, el dinero ya no está respaldado por algo escaso. De ahí que se hable tanto de que los bancos centrales «imprimen» dinero como locos, y por eso el euro y el dólar no paran de perder poder adquisitivo. Desde que fue creado, el dólar ha perdido más del 90 por ciento de su valor. A partir de 2020 hasta hoy ha sido aún peor.

LA INFLACIÓN, *MY FRIEND*

Cuanto más tiempo pase el dólar (o el euro) en tu bolsillo, menos cosas escasas puedes comprar con él (casas, oro, coches, relojes de lujo...). Por eso tengo un fondo de emergencia y el resto lo invierto. No lo dejo parado en el banco. Porque el dinero es infinito, y sobre ese razonamiento se sustenta toda mi tesis de inversión: yo invierto y trabajo para conservar poder adquisitivo.

También comprenderás que, si tienes el dinero en una cuenta normal de un banco normal, ahora mismo eres prestamista del banco a un −3 por ciento TAE.

Dedicaremos un apartado sólo al oro. Vale la pena porque es de los activos poco volátiles y con un largo histórico cuyo valor se ha multiplicado por diez desde el año 2000. Como iremos aprendiendo, todo activo escaso suele revalorizarse por el propio diseño del ser humano: nos gusta lo limitado. El ser humano valora los bienes en función de su utilidad marginal decreciente, un concepto clave para entender las decisiones de consumo. Es decir, el valor no está en el bien en sí, sino en cuánto nos satisface la unidad siguiente. La utilidad de algo no crece de forma lineal, sino que disminuye a medida que acumulamos más unidades de ese mismo bien, y por eso se llama «utilidad marginal decreciente». Pongamos un ejemplo: cuando tenemos sed, la primera botella de agua nos aporta un valor enorme. La segunda también nos es útil, pero menos. La tercera ya nos aporta muy poco, y la cuarta podría no aportarnos nada o incluso resultarnos molesta. Por eso nos gusta coleccionar, pero sólo aquello que no abunda.

Todo esto te lo estoy contando para que comprendas lo perverso que es un determinado impuesto que, para la mayoría de la gente, pasa desapercibido. Ese impuesto se llama inflación, y se basa en el incremento de abundancia del dinero en circulación, lo que disminuye, por tanto, su utilidad por unidad. Ahora entenderás este mecanismo y por qué es, a todos los efectos, un impuesto.

La inflación es un impuesto encubierto porque reduce tu poder adquisitivo sin que tengas que pagar nada expresamente: no firmas ningún modelo; no haces ninguna transferencia; no ves ningún cargo en tu cuenta bancaria. Sin embargo, cada año puedes comprar menos con el mismo dinero. Eso es lo que hace, exactamente, un impuesto.

A diferencia de los impuestos clásicos —cuando el Estado te quita una parte de tu renta de forma directa para que, en teoría, todos los ciudadanos reciban una contraprestación en el futuro—, la inflación actúa de forma indirecta y silenciosa: no te quita euros, sino capacidad de compra.

Supongamos que tienes 100.000 euros ahorrados. Si la inflación es del 5 por ciento anual, al cabo de un año sigues teniendo 100.000 euros, pero ya no compran lo mismo: ahora equivalen a 95.000 euros en términos reales. Es decir: has «pagado» 5.000 euros sin darte cuenta, sin votarlo y sin poder evitarlo.

¿Quién cobra ese impuesto? No lo cobra directamente Hacienda, sino quien recibe primero el nuevo dinero que se crea (y esto es lo que casi nadie entiende).

Ticket de @mercadona de 2004 encontrado en casa de mi padre. Mirad los precios

El castigo al ahorrador

Cuando un banco central imprime dinero, lo inyecta a la economía, pero no llega por arte de magia a todos a la vez. Llega primero al Estado, a los bancos, a las grandes empresas y a los mercados financieros. Ellos compran activos cuando los precios aún no han subido, y los demás (asalariados, ahorradores, pensionistas) llegamos después, cuando los efectos de la inflación ya se han trasladado a los bienes y servicios. Este fenómeno tiene nombre en economía: el efecto Cantillon. Esto no es neutral, sino redistributivo..., sí, a favor de los bancos y los burócratas, y no de los pobres, que, de hecho, son los más perjudicados porque no han invertido.

Además, la inflación castiga especialmente el ahorro prudente. Si trabajas, ahorras y dejas el dinero en el banco, no asumes riesgos, no especulas ni pides ayuda y, aun así, pierdes poder adquisitivo año tras año. Entretanto, quien se endeuda se beneficia, porque devuelve el préstamo con dinero que vale menos.

La inflación, pues, premia al deudor y castiga al ahorrador. Esto no es una opinión: es economía básica. La inflación, además, beneficia a los gobiernos porque:

- **Licúa la deuda pública:** lo que deben se devuelve con dinero que en términos reales vale menos.
- **Aumenta la recaudación:** al subir precios y salarios, los impuestos ligados a ellos (IVA, IRPF, sociedades) también crecen sin cambiar la ley.
- **Alivia la carga política:** consiguen más ingresos y menos peso de deuda sin tener que subir impuestos de forma explícita.

El riesgo es que, si se descontrola, el ciudadano empieza a enterarse, los inversores exigirán más intereses y la deuda futura será más cara. Por eso buscan inflación moderada, no alta. El mayor deudor del mundo es Estados Unidos. En el caso de España, la deuda pública a finales de 2025 era de 1,7 billones de euros.[1] Así, cada contribuyente español debe, en teoría, 90.000 euros, que serán poco a poco extraídos por Hacienda.

Por eso se dice que la inflación es el impuesto más injusto de todos:

1. Mejías, J., «La deuda pública crece un 4,5 % en el año, hasta un récord de 1,7 billones de euros», *El Periódico*, 17 de noviembre de 2025.

- Es regresivo.
- Afecta más a quien tiene menos capacidad de protegerse.
- Quien vive al día no puede invertir.
- Quien no tiene activos sufre toda la subida de precios.

Encima, es políticamente cómoda, porque subir impuestos genera titulares, pero la inflación no. Con ésta, siempre se puede culpar a las guerras, a las empresas, a los supermercados y a los «especuladores». Sin embargo, el origen estructural es el mismo: más dinero persiguiendo los mismos bienes.

El propio Banco Central Europeo reconoce que, como mínimo, aspiran al 2 por ciento de inflación anual para incentivar la economía y que la gente gaste:

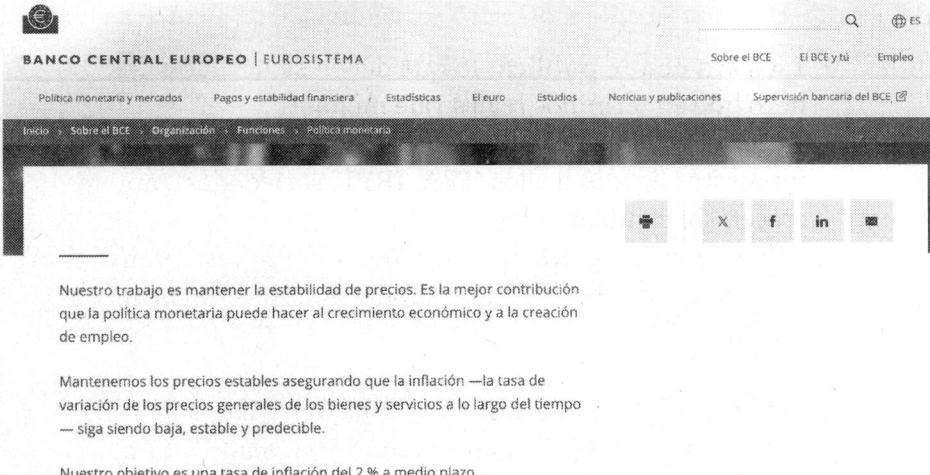

Nuestro trabajo es mantener la estabilidad de precios. Es la mejor contribución que la política monetaria puede hacer al crecimiento económico y a la creación de empleo.

Mantenemos los precios estables asegurando que la inflación —la tasa de variación de los precios generales de los bienes y servicios a lo largo del tiempo— siga siendo baja, estable y predecible.

Nuestro objetivo es una tasa de inflación del 2 % a medio plazo.

El problema de la inflación es que se acumula. Desde que se creó el euro, la inflación ha llegado al 64 por ciento, aproximadamente, tal vez más (es muy difícil cuantificarlo porque el IPF deja fuera demasiados elementos):

$$2\ \% \times 23\ \text{años} = 64\ \%\ \text{de inflación}$$

Y ahora apliquemos el interés compuesto:

AÑO	CÁLCULO	PRECIO FINAL (€)
0	Precio inicial	1,00
1	1,00 × 1,02	1,02
2	1,02 × 1,02	1,0404
3	1,0404 × 1,02	1,0612
4	1,0612 × 1,02	1,0824
5	1,0824 × 1,02	1,1041
6	1,1041 × 1,02	1,1262
7	1,1262 × 1,02	1,1487
8	1,1487 × 1,02	1,1717
9	1,1717 × 1,02	1,1951
10	1,1951 × 1,02	1,2190

La inflación se aplica primero sobre un café de 1 euro, luego de 1,02 euros... y así sucesivamente. Los precios suben cada vez más porque la inflación se acumula y se aplica sobre una cantidad mayor. No es lo mismo el 2 por ciento de 1 euro (2 céntimos) que de 2 euros (4 céntimos, el doble), que de 1 millón de euros (20.000 euros).

Entender la inflación no es un tema técnico, sino de pura supervivencia financiera y, como no comiences a protegerte ya de ella, estarás tirando a la basura una enorme parte de tu esfuerzo productivo.

Por eso, cuando hablemos a lo largo del libro sobre proteger y conservar nuestro patrimonio, debemos hacerlo minimizando los impuestos visibles, pero también los invisibles. E incluso podremos aprovecharnos de ellos, lo cual es perfectamente posible. Cada vez habrá más diferencia entre aquellos que entiendan de maximización de dinero neto y aquellos que no. Seamos de los primeros.

2

Tipos de impuestos

Los impuestos son extracciones obligatorias que financian el gasto público, pero también buscan estabilizar la economía o redistribuir renta. Tienen una larga historia, que se remonta a los tributos en especie y los sistemas complejos en la Roma antigua —en la época imperial hubo incluso impuesto de sucesiones, del 5 por ciento y luego el 10 por ciento, con exenciones para parientes cercanos—. En la Edad Media, teníamos las corveas y el famoso diezmo, con el que el monarca absoluto sustraía a los campesinos una décima parte de la cosecha. El diezmo, muy impopular y frecuente motivo de queja en los *cahiers* (cuadernos de quejas) previos a 1789, fue abolido tras la Revolución francesa. (Hoy en día es lo que se paga de IRPF en Andorra y nos parece la leche.)

El impuesto sobre la renta moderno nace en el Reino Unido en 1799, luego se suprime y se reintroduce en 1842 para abrir la vía al librecambio. En Estados Unidos, la decimosexta enmienda de 1913 habilita el IRPF.

En España, el IRPF como tal nace en 1978, con 28 tramos y un tipo máximo del 65,51 por ciento (véase la tabla 2.1). Ese 65,51 por ciento era el tipo marginal máximo de la escala general estatal para bases liquidables superiores a 10 millones de pesetas de la época (unos 60.000 euros de entonces, que en poder adquisitivo actual equivalen a mucho más, unos 350.000 euros).

Tabla 2.1. Escala del Impuesto sobre la Renta de las Personas Física

BASE IMPONIBLE HASTA PESETAS	TIPO MEDIO RESULTANTE	CUOTA ÍNTEGRA	RESTO BASE IMPONIBLE HASTA PESETAS	TIPO APLICABLE
—	—	—	200.000	15,72
200.000	15,72	31.440	200.000	16,76
400.000	16,24	64.960	200.000	17,80
600.000	16,76	100.560	200.000	18,84
800.000	17,28	138.240	200.000	19,88
1.000.000	17,80	178.000	400.000	21,44
1.400.000	18,84	263.760	400.000	23,52
1.800.000	19,88	357.840	400.000	25,60
2.200.000	20,92	460.240	400.000	27,68
2.600.000	21,96	570.960	400.000	29,76
3.000.000	23,00	690.000	400.000	31,84
3.400.000	24,04	817.360	400.000	33,92
3.800.000	25,08	953.040	400.000	36,00
4.200.000	26,12	1.097.040	400.000	38,08
4.600.000	27,16	1.249.360	400.000	40,16
5.000.000	28,20	1.410.000	400.000	42,24
5.400.000	29,24	1.578.960	400.000	44,32
5.800.000	30,28	1.756.240	400.000	46,40
6.200.000	31,32	1.941.840	400.000	48,48
6.600.000	32,36	2.135.760	400.000	50,56
7.000.000	33,40	2.338.000	400.000	52,64
7.400.000	34,44	2.548.560	400.000	54,72
7.800.000	35,48	2.767.440	400.000	56,80
8.200.000	36,52	2.994.640	400.000	58,88
8.600.000	37,56	3.230.160	400.000	60,00
9.000.000	38,56	3.470.160	400.000	60,50
9.400.000	39,50	3.712.160	400.000	61,00
9.800.000	40,37	3.956.160	400.000	61,50
10.200.000	41,20	4.202.160	400.000	62,00
10.600.000	41,99	4.450.160	400.000	62,50
11.000.000	42,73	4.700.160	400.000	63,00
11.400.000	43,44	4.952.160	400.000	63,50
11.800.000	44,12	5.206.160	400.000	64,00
12.200.000	44,78	5.462.160	en adelante	65,00

Fuente: Ley 9/1983, de 13 de julio, de Presupuestos Generales del Estado para 1983, *Boletín Oficial del Estado*.

Poco a poco fueron cambiando las cosas y, con ellas, las escalas de gravamen. Se introdujeron nuevos impuestos como el Impuesto de Valor Añadido (IVA), hasta que llegamos a la situación actual, donde se suman todos los tipos de impuestos que existen, las cotizaciones crecientes y el efecto perverso de la inflación, por lo que la brecha entre salario bruto y neto real es cada vez mayor.

LOS IMPUESTOS INDIRECTOS

Este tipo de impuestos gravan el consumo de bienes y servicios, así como las transmisiones de determinados bienes. Aquí, no importa cuánto dinero tengas, sino lo que compres o consumas. Una persona con poco dinero y un multimillonario pagarán lo mismo si consumen lo mismo. Los impuestos indirectos más relevantes son:

- Impuesto sobre el Valor Añadido (IVA), que se aplica al consumo de bienes y servicios: el típico 21 por ciento que hoy pagas en casi todo.
- Impuesto sobre Transmisiones Patrimoniales y Actos Jurídicos Documentados (ITP/AJD), que se paga al comprar determinados bienes. Siempre lo paga el comprador, no el vendedor.
- Impuestos Especiales (IIEE), aplicados a productos concretos como el alcohol o el tabaco.

LOS IMPUESTOS DIRECTOS

Son aquellos impuestos que las personas o empresas pagan directamente cuando se produce alguna de estas situaciones:

- La obtención de una renta, como los beneficios de un negocio.
- Ingresos derivados del trabajo personal, como los salarios.
- Rentas obtenidas por alquilar un inmueble.
- La simple posesión de un patrimonio, como un inmueble en propiedad.

Estos impuestos se calculan según la capacidad económica de cada persona o empresa. En teoría, quien más tiene más paga.

Algunos de los impuestos directos más importantes en España son:

- Impuesto sobre la Renta de las Personas Físicas (IRPF)
- Impuesto sobre Sociedades (IS)
- Impuesto sobre Bienes Inmuebles (IBI)
- Impuesto sobre Sucesiones y Donaciones (ISD)
- Impuesto sobre el Patrimonio (IP)

En mi opinión, el IRPF es el impuesto más importante de todos los tipos (directos e indirectos) de España. El IRPF grava todas las rentas que obtienes durante el año natural, y después se liquida en la declaración de la renta del año siguiente. Por ejemplo, hasta el 30 de junio de 2026, se presenta la declaración correspondiente a la rentas obtenidas en 2025.

El IRPF

En este impuesto, el Estado fija los tramos del 50 por ciento, y las comunidades autónomas, el 50 por ciento restante (salvo en el País Vasco y Navarra, que determinan el 100 por ciento). Así, nos encontramos con que, en la Comunidad Valenciana, es con el último tramo (el propio) con el que más se llega a pagar, el 54 por ciento. Por el contrario, donde menos se llega a pagar es en Madrid, con un último tramo del 45 por ciento.

Tabla 2.2. Tabla y tramos del IRPF actualizadas a 2025
(Comunidad de Madrid)

TRAMO IRPF 2025	TIPO ESTATAL	TIPO AUTONÓMICO	TIPO TOTAL
0 € - 12.450 €	9,50 %	8,50 %	18,00 %
12.450 € - 13.362 €	12,00 %	8,50 %	20,50 %

.../...

... / ...

TRAMO IRPF 2025	TIPO ESTATAL	TIPO AUTONÓMICO	TIPO TOTAL
13.362 € - 19.004 €	12,00 %	10,70 %	22,70 %
19.004 € - 20.200 €	12,00 %	12,80 %	24,80 %
20.200 € - 35.200 €	15,00 %	12,80 %	27,80 %
35.200 € - 35.425 €	18,50 %	12,80 %	31,30 %
35.425 € - 57.320 €	18,50 %	17,40 %	35,90 %
57.320 € - 60.000 €	18,50 %	20,50 %	39,00 %
60.000 € - 300.000 €	22,50 %	20,50 %	43,00 %
300.000 € - En adelante	24,50 %	20,50 %	45,00 %

Fuente: <taxdown.es>.

En España, el IRPF se caracteriza por su estructura dual; es decir, que tiene dos bases imponibles: la base general (donde van tus rendimientos del trabajo y actividades económicas) y la base del ahorro, donde van los rendimientos del capital mobiliario y las ganancias patrimoniales. Como veremos más adelante, es ahí donde nos interesa situarnos, porque es muy ventajoso respecto al otro.

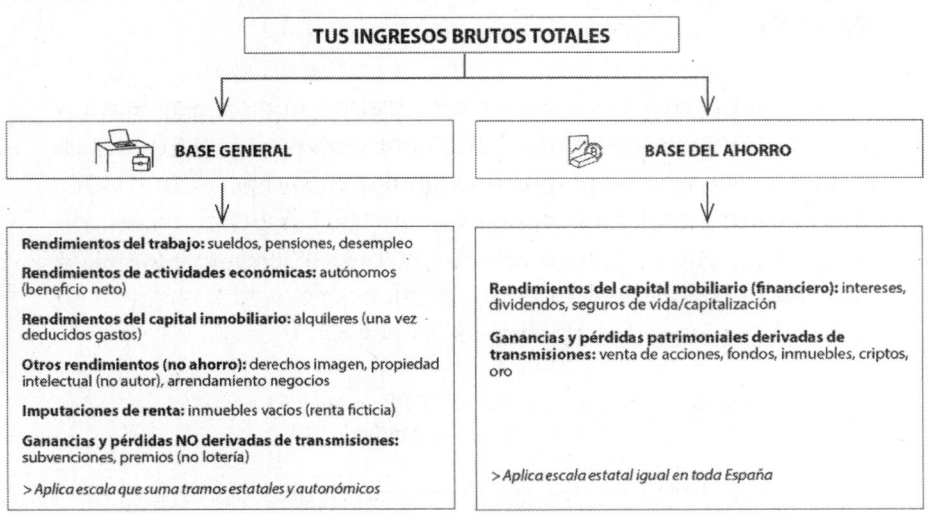

La base general

La base general del IRPF incluye la mayoría de las rentas que percibes, tales como:

- Rendimientos del trabajo (sueldos de asalariados).
- Rendimientos de actividades económicas de autónomos y empresarios.
- Ciertos rendimientos del capital inmobiliario (ingresos por alquileres, por ejemplo).

Éste es el impuesto más directo que pagas de tu salario. La tasa es progresiva, lo que significa que aumenta a medida que lo hagan tus ingresos: desde el 19 por ciento para ingresos de hasta 12.450 euros hasta el 54 por ciento en la Comunidad Valenciana para ingresos superiores a 300.000 euros.

Sobre esto he escuchado un mito en innumerables ocasiones: «No quiero ganar más dinero porque entonces salto de tramo y tengo que pagar más IRPF». Esto es falso, porque el tramo sólo se aplica a lo que ganes marginalmente. Es decir: sólo saltas de tramo por el extra que ganes, no por el total.

Imagina que un tramo va de 0 a 12.450 euros al año, al 19 por ciento, y el siguiente va de 12.450 a 15.000 al 24 por ciento. Si ganas 14.000 euros, se te aplicará el 19 por ciento hasta los 12.450 euros, y el 24 por ciento desde los 12.450 euros hasta los 15.000. Por tanto, sólo saltas de tramo por la parte excedente, pero no perjudica jamás a la parte anterior. En conclusión: siempre sale rentable ganar más.

La base del ahorro

La base del ahorro comprende los rendimientos del capital mobiliario que suelen venir de la inversión, por ejemplo:

- Intereses de cuentas bancarias y depósitos.
- Dividendos.

- Ganancias derivadas de la transmisión de elementos patrimoniales (por ejemplo, la venta de acciones o inmuebles).

La tributación en esta base es más favorable que la base general, y es igual en toda España: las comunidades no tienen margen aquí: desde el 19 por ciento para ingresos que no superen los 6.000 euros hasta el 30 por ciento para ingresos superiores a 300.000 euros. Y ahora viene la primera gran enseñanza que quiero transmitirte:

La aceleración del patrimonio vendrá siempre de invertir,
y es como los más ricos del mundo se hicieron tan ricos.

Si ganas un millón de euros invirtiendo, pagarás unos 265.000 euros de impuestos. Por el contrario, si los ganaras trabajando, los impuestos serían de unos 450.000 más cotizaciones sociales. Y, ojo: si fuera con deuda, necesitarías ganar mucho menos, porque ésta no paga ningún tipo de impuesto. ¿Cómo?

Así de simple: si compras un inmueble de 200.000 euros pidiendo un crédito hipotecario al banco, en realidad sólo has de tener disponible la parte que no te presten, que suele ser el 20 por ciento. En este ejemplo, serían 40.000 euros más los impuestos por la compra del inmueble. Los 160.000 euros restantes te los presta el banco libres de impuestos.

Por tanto, para obtener capital, lo más eficiente es:

a. Hacerlo apalancado en el banco (si no pagas muchos intereses).
b. Con inversiones rentables.

Como es obvio, esto no quita que la mayoría de la gente construya su base inicial de activos trabajando. Para mí, ése es el modelo ideal. Una vez obtenido, maximizas el dinero —ya tributado— invirtiéndolo y tributando a su vez, pero a un tipo menor, lo que te permite entrar en un círculo virtuoso en el que cada euro que ganas trabajando produce a su vez otros euros que también reinviertes para producir otros, e ir disminuyendo así la brecha entre el esfuerzo bruto (euros invertidos) puesto a trabajar y el resultado neto (euros netos). Como veremos, esto podemos hacerlo durante cincuenta años sin pagar ni un céntimo en impuestos.

Piensa que, cuando empiezas a ganar dinero de verdad —en España se considera desde hace veinticinco años que esa situación se da a partir de los 60.000 euros anuales—, cada hora extra que trabajes siendo «rico» paga alrededor del 45 por ciento de impuestos. En cambio, si lo inviertes pagas alrededor del 25 por ciento, la mitad.

Lo que quiero que entiendas es que por cada euro que ganes en el universo (Francia, Indonesia o Marte), tendrás que pagar IRPF en España. No hay una sola forma de ganar dinero que no pague impuestos. Bueno, perdón, sí hay una: ganar menos de 40.000 euros jugando a la lotería. Es curioso que este premio esté exento de IRPF, al contrario que ganar ese dinero emprendiendo o trabajando. Como curioso es, por cierto, que esté penalizadísimo hacer publicidad de casas de apuestas o casinos por parte de famosos o *influencers*, pero al mismo tiempo recibamos durante meses anuncios pagados de la Lotería de Navidad con dinero público y haya niños cantando los premios. ¿Hipocresía? En fin, volvamos a lo anterior.

Cada euro que ganes, va a la base general o a la del ahorro, según de dónde provenga.

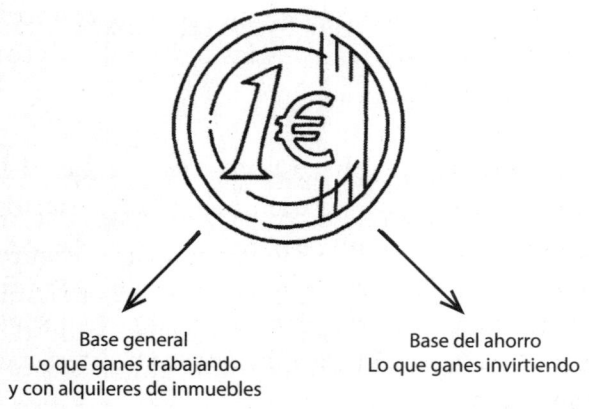

Base general
Lo que ganes trabajando
y con alquileres de inmuebles

Base del ahorro
Lo que ganes invirtiendo

Tabla 2.3. Escala de gravamen del IRPF: base general y base del ahorro

BASE GENERAL			BASE DEL AHORRO		
Base imponible		Tipo aplicable	Ganancias totales		Tipo aplicable
Desde	Hasta		Desde	Hasta	
0 €	12.450 €	19 %	0 €	6.000 €	19 %
12.450 €	20.200 €	24 %	6.000 €	50.000 €	21 %
20.200 €	35.200 €	30 %	50.000 €	200.000 €	23 %
35.200 €	60.000 €	37 %	200.000 €	300.000 €	27 %
60.000 €	300.000 €	45 %	Más de 300.000 €		30 %
Más de 300.000 €		47 %			

Como ves, se encuadra en una de las dos subtablas de la tabla 2.3, y en la declaración de la renta pagarás lo que corresponda por tu renta universal.

Por tanto, las principales formas de minimizar la carga impositiva por euro ingresado es ganarlo en la base del ahorro, cosa que sólo es posible invirtiendo, o ganarlo en la general, pero aprovechándonos de las reducciones, deducciones y exenciones que existen.

BONIFICACIONES PARA PAGAR MENOS IMPUESTOS

Las tres figuras citadas antes —reducciones, deducciones y exenciones— son herramientas fiscales (bonificaciones) que tienen como objetivo ajustar la carga tributaria de los contribuyentes teniendo en cuenta sus circunstancias personales y económicas, así como sus actividades.

1. **Reducciones.** Se aplican antes de calcular el impuesto sobre la renta, y suelen estar asociadas con ciertos tipos de ingresos o con incentivos para determinadas actividades. ¿Tenías 10.000 euros de ingresos y aportaste 1.000 euros a planes de pensiones? Entonces, pagarás impuestos sobre 9.000 euros, y luego aplicarás las deducciones que correspondan.

2. **Deducciones.** Se aplican sobre la cuota íntegra del impuesto y, por tanto, después del cálculo, cuando se puede restar una cantidad específica en función de las circunstancias personales y/o familiares, las inversiones u otras actividades concretas. Imagínate que en la declaración de la renta te sale a pagar 5.000 euros a Hacienda, pero puedes aplicar una deducción de 500 euros por compra de vivienda habitual. En este caso, el resultado pasaría a ser de 4.500 euros.

Existen deducciones de todo tipo, tanto estatales como autonómicas, y es fácil pasarlas por alto porque cambian cada año y por comunidades. Por ejemplo, vivir de alquiler tiene numerosas deducciones —en función de tu renta y tu edad— en varias comunidades autónomas

3. **Exenciones.** Ésta es la mejor de las tres, porque implica que ciertos ingresos no están sujetos a impuestos, ni antes ni después. No pagas nada.

Así se aplican todas estas bonificaciones a tu renta universal, es decir, a lo que hayas ganado de todas las fuentes posibles, y te saldrá en la declaración la cantidad a pagar o a devolver. Lo cierto es que es un proceso largo, de varias fases, aunque apenas seas consciente porque la hacemos en una web o nos la hace un gestor y nos olvidamos.

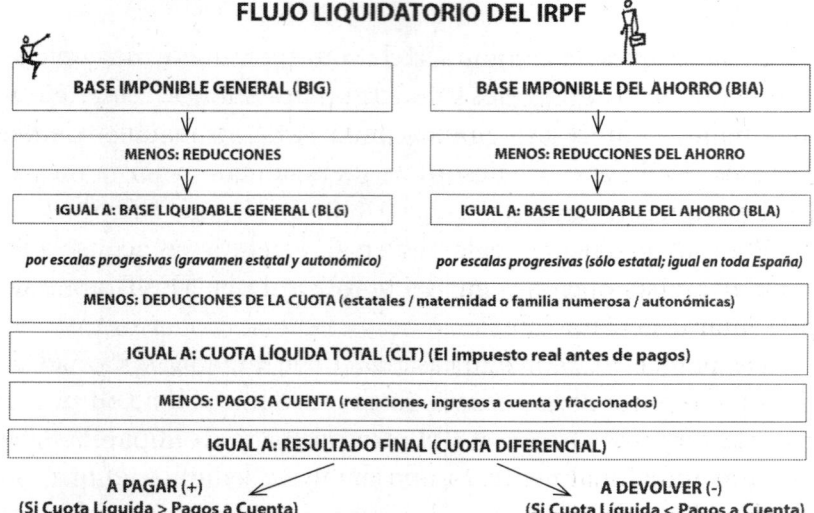

FLUJO LIQUIDATORIO DEL IRPF

BASE IMPONIBLE GENERAL (BIG) — BASE IMPONIBLE DEL AHORRO (BIA)

MENOS: REDUCCIONES — MENOS: REDUCCIONES DEL AHORRO

IGUAL A: BASE LIQUIDABLE GENERAL (BLG) — IGUAL A: BASE LIQUIDABLE DEL AHORRO (BLA)

por escalas progresivas (gravamen estatal y autonómico) — *por escalas progresivas (sólo estatal; igual en toda España)*

MENOS: DEDUCCIONES DE LA CUOTA (estatales / maternidad o familia numerosa / autonómicas)

IGUAL A: CUOTA LÍQUIDA TOTAL (CLT) (El impuesto real antes de pagos)

MENOS: PAGOS A CUENTA (retenciones, ingresos a cuenta y fraccionados)

IGUAL A: RESULTADO FINAL (CUOTA DIFERENCIAL)

A PAGAR (+) — A DEVOLVER (-)
(Si Cuota Líquida > Pagos a Cuenta) — (Si Cuota Líquida < Pagos a Cuenta)

Como verás, primero se calcula la base imponible (general y del ahorro). Aquí entran los rendimientos del trabajo, las actividades económicas, el capital, etcétera. Después, se aplican las reducciones: aportaciones a planes de pensiones, tributación conjunta, pensión compensatoria, etcétera. Sobre la base liquidable se aplica la tarifa del impuesto, y es aquí donde se calculan las cuotas íntegras (estatal y autonómica). A continuación, entran los mínimos personales y familiares, según si has hecho la declaración de la renta de forma individual o conjunta, se aplican unos u otros.

TRIBUTACIÓN CONJUNTA

¿Quién puede hacer una declaración conjunta? Los matrimonios y las familias monoparentales, básicamente. Lo más ventajoso de la declaración conjunta es que Hacienda establece una reducción especial para ella de 3.400 euros anuales para matrimonios y de 2.150 euros para familias monoparentales.

Las parejas pueden elegir si hacen la declaración de forma conjunta o individual, cada uno por separado, y lo cierto es que no siempre compensa la conjunta, que significa sumar todas las rentas de los miembros de una unidad familiar en una sola declaración.

En la práctica, la conjunta suele convenir cuando hay un claro desequilibrio de ingresos y uno de los dos no tiene rentas o son muy bajas. Si ambos miembros de la pareja trabajan y tienen ingresos similares o medios-altos, suele salirles mejor la individual, porque, al sumar rentas, se tributa en tramos más altos.

Por eso, no hay una regla universal, y siempre es aconsejable simular ambas opciones en Renta WEB de la AEAT antes de presentar la declaración.

Las parejas de hecho no casadas no pueden presentar declaración conjunta como pareja. Si tienen hijos, sólo uno puede hacerla conjunta con ellos, y el otro miembro de la pareja debe declarar individualmente. Si uno incluye a los hijos, el otro no puede aplicar el mínimo por descendientes ni determinadas deducciones asociadas a esos hijos. Si ambos declaran individualmente, cada uno puede aplicar el 50 por ciento del mínimo por cada hijo.

Los mínimos

Los mínimos son cantidades que no tributan porque Hacienda las considera necesarias para subsistir. El mínimo personal general —en diciembre de 2025— es de 5.550 euros anuales, con incrementos por edad: 1.150 euros adicionales a partir de sesenta y cinco años y 1.400 euros más desde los setenta y cinco años.

Estos mínimos reducen la base sobre la que se pagan impuestos, y aumentan en función de la situación familiar. Cuantos más miembros incluyas, menos impuestos pagarás, y más probable es que la declaración te salga negativa, es decir, a devolver a tu favor.

«¿Me regalan dinero si sale a devolver?» No. No te hagas trampas al solitario, por favor. Regalarte dinero sería que tuvieses 0 euros y, al presentar la declaración, Hacienda te pagase X euros. Esto jamás ocurre. Para que te devuelvan dinero, tienes que haber pagado en retenciones, como mínimo, lo que te van a devolver durante el año. Cuando esto ocurre, es porque Hacienda te ha retenido más dinero —de tu nómina o como autónomo— del que correspondía para lo que ganaste el año anterior, y procede a devolverte la diferencia.

Imagina que tu empresa te aplicó una retención del 20 por ciento en tu nómina, pero te quedaste de media en el tramo del IRPF del 16 por ciento. Hacienda te debería ese 4 por ciento extra que te retuvo. Por decirlo de otro modo, ese dinero siempre fue tuyo; simplemente se estaba financiando a tu costa.

LA RESIDENCIA FISCAL

En España, tributas por tu renta universal. Eso significa que pagarás impuestos por todas tus fuentes de ingresos: trabajo (salarios, dividendos, facturas), inmuebles (alquileres, ventas), inversiones (acciones, fondos, intereses) y cualquier otra ganancia como premios, ventas de empresas o propiedades.

Y esto nos lleva a hablar de la residencia fiscal, y de por qué no puedes pagar impuestos ahora mismo en Islas Vírgenes Británicas desde tu casa de Barcelona. «Oye, Andrés, he escuchado que en Dubái no hay impuesto de sociedades... Voy a montar mi sociedad allí.» Si vives en España, casi nunca tendrá sentido.

La residencia fiscal es clave para determinar dónde debe pagar impuestos una persona. Esto significa que, si un país te considera residente fiscal, puede reclamarte el pago de tributos sobre tu renta total y global.

Si vives en Barcelona y estás pagando el 50 por ciento de IRPF, la solución no es pagar impuestos en Estonia y seguir en Barcelona, porque nuestra querida Hacienda dirá que no existe un motivo económico válido para que no tributes en Barcelona y te hará tributar por todo lo ahorrado y, encima, te impondrá una sanción.

De hecho, en algunos casos, últimamente Hacienda espera a que esté a puntito de prescribir la falta (cuatro años) para, en el último segundo, abrirte la inspección y así poder reclamarte más (porque la has liado durante más años que si te hubiese avisado nada más liarla).

Que te quede claro: que Hacienda no te haya investigado aún por algo no significa que no vaya a hacerlo, aunque hayan pasado tres años desde la infracción. Lo mismo si le está pasando a tu primo y presume de ello o a la gente famosa que dice que tiene infraestructuras turbias en las redes sociales. De hecho, alguno ya ha ido cayendo en estos últimos años.

El IRPF te hace pagar impuestos por todo el dinero que gane un residente fiscal español en todo el mundo. Recalco: en todo el mundo. Sí, si tienes una casa en Indonesia generándote rentas, tendrás que pagar impuestos por ella en España.

Por eso es clave dónde tienes fijada tu residencia fiscal.

Aquí el truco, si vas a tener inmuebles en muchos países, es radicar en el que menos impuestos pagues por ellos, si es que puedes elegir porque tu trabajo te lo permite. Da igual si eres autónomo, asalariado, funcionario, estudiante o simplemente alguien que ha ganado dinero invirtiendo en criptomonedas o en bolsa. Lo habitual es que tu residencia fiscal coincida con el país de tu nacionalidad, pero si te mudas de forma estable a otro país, puedes cambiarla sin problema.

No es lo mismo residencia fiscal que nacionalidad. La residencia fiscal es el país en el que tributas por vivir habitualmente, mientras que casi siempre la nacionalidad es el país en el que naciste (el que expide tu pasaporte).

Aunque a muchos les joda, es totalmente legal cambiar tu residencia fiscal siempre que sea un cambio de verdad. Lo que es ilegal es montar una película: aparentar que vives en Andorra para tributar menos mientras realmente sigues viviendo en España. Si vives en España, tributas en España. No puedes esconderte fiscalmente en Paraguay o en China mientras haces vida aquí. Montones de personas (famosos, *influencers*...) han acabado con sanciones por hacer exactamente eso.

La residencia fiscal es un concepto que cada país regula de forma distinta, y en muchos casos no es nada sencillo de interpretar. Aunque en España existe bastante inseguridad jurídica, si nos guiamos por la ley y la jurisprudencia, podemos resumir a continuación lo más importante.

En la mayoría de los países —alrededor del 90 por ciento—, el criterio clave para fijar la residencia fiscal es el de 183 días: si vives más de 183 días al año en un país, pasas a ser residente fiscal allí. Pero España va más allá y no se limita sólo a contar días. Además del criterio de los 183 días, existen otras reglas que pueden convertirte en residente fiscal, aunque físicamente no hayas pasado ese tiempo en el país. España utiliza tres criterios principales para determinar la residencia fiscal (artículo 9, LIRPF):

1. Que durante el año natural residas en España más de 183 días.
2. Que tu núcleo principal o base de actividades o intereses económicos esté en España.
3. Que tu centro de intereses familiares esté en España; es decir, que tu pareja o tus hijos vivan allí. Por eso pillaron

a Shakira. Tributaba en Panamá, pero sus hijos iban a un cole en Barcelona y ella iba continuamente a una peluquería de la misma ciudad.

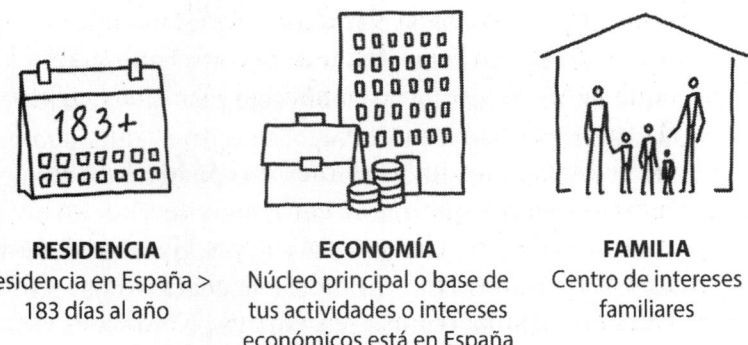

RESIDENCIA	ECONOMÍA	FAMILIA
Residencia en España > 183 días al año	Núcleo principal o base de tus actividades o intereses económicos está en España	Centro de intereses familiares

También es muy relevante si tienes en España un domicilio permanente a tu disposición. Eso significa tener una vivienda en propiedad que no esté alquilada y que puedas utilizar en cualquier momento. Aunque pases temporadas fuera, Hacienda puede considerarlo un indicador de residencia fiscal en España.

Estas tres reglas hacen que, aunque vivas en España sólo diez días, España pueda abrirte un «conflicto de residencia» si tus hijos van al cole en España o si tus clientes son españoles. Eso no significa que España tenga razón. Cuando hay un conflicto de residencia entre dos países, hay que acudir al convenio de doble imposición y ver qué criterios son más importantes para desempatar. Por ejemplo, entre España y Portugal. Aunque todos tus clientes sean españoles, si vives más de 183 días en Portugal y tu vivienda permanente a tu disposición está en Portugal, serías residente fiscal portugués.

Irte a otro país a vivir y trabajar allí, o teletrabajar para España, normalmente se hace si eres autónomo y tu negocio te lo permite. Seas asalariado o funcionario, si teletrabajas, o vas tan pocos días a la oficina que no superes en España los 183 días al año, puedes hacerlo.

Y un caso muy interesante de funcionario español residente fiscal en Portugal es el de David Sánchez, hermano del presidente del Gobierno, Pedro Sánchez. Era funcionario en la Diputación de Badajoz desde hacía cuatro años y, además, en un puesto directivo..., pero vivía en Portugal y pagaba sus impuestos allí. Es decir, residía fiscalmente en Portugal como NHR, que es el régimen que te permite ahorrarte bastantes impuestos si eres extranjero.

Hacienda publicó un informe sobre este caso que avalaba que tuviese su residencia fiscal en Portugal mientras trabajaba para la Diputación de Badajoz. El documento también acreditaba que David Sánchez no había permanecido en territorio español durante más de 183 días en 2021, 2022 y 2023, por lo que no era residente fiscal en nuestro país desde hacía cuatro años.

La propia Agencia Tributaria dice que es posible ser empleado público, autónomo o asalariado y tener la residencia fiscal en otro país si no pasas más de 183 días en España ni tienes ahí la vivienda permanente a tu disposición.

Si quieres cambiar tu residencia, cárgate de pruebas. Pide facturas en todas partes, saca fotos. Yo documento absolutamente cada paso que doy para tener una defensa inquebrantable y no perder miles de horas rebuscando cuando tenga algún problema.

Para concluir este tema, te dejo una lista de trámites que es importante dejar cerrados si trasladas tu residencia a otro país:

- ☐ Cuenta bancaria en el país de destino.
- ☐ Vivienda permanente a disposición en el país de destino.
- ☐ Obtener un NIF en el país de destino.
- ☐ Número de teléfono del país de destino.
- ☐ Desempadronarte del país de origen.
- ☐ Empadronarte en el nuevo.
- ☐ Inscribirte y solicitar un médico de cabecera en la nueva localidad de residencia.
- ☐ Lo mismo con el gimnasio y cualquier otra actividad similar (pádel o lo que sea).
- ☐ Consumir (con tarjeta) de vez en cuando en esos lugares (un agua, una cerveza, unos frutos secos...).
- ☐ Pagar con tarjeta en los restaurantes del nuevo país.

- ☐ En general, pagar lo máximo posible con tarjeta en el país de destino.
- ☐ Matricular el coche o comprarlo en ese país.
- ☐ Ir al médico en ese país.
- ☐ Contratar el seguro de salud en ese país.
- ☐ Contratar una línea de telefonía móvil en ese país.
- ☐ Contrato de vivienda a tu nombre.
- ☐ Suministros, agua, luz, gas y wifi a tu nombre.
- ☐ Alta como autónomo o lo que sea en el país de destino.
- ☐ Cierre fiscal en España (modelo 030 y otros).
- ☐ Gestoría del país de destino que fiscalmente haga todo perfecto.
- ☐ Contratación de seguros en el país de destino.
- ☐ Si es el caso, comunicar la situación al colegio profesional de pertenencia (abogados, arquitectos...).
- ☐ Que los pedidos te lleguen a la nueva dirección (Amazon, Ikea...).
- ☐ Fotos que subes a tu Instagram, TikTok...
- ☐ Geolocalización del móvil.

¿Y por qué a alguien iba a interesarle irse fuera de España? ¿Tanta diferencia de impuestos hay? Pongamos un caso claro: España frente a Andorra.

España:

- IVA: tipo general del 21 por ciento.
- IRPF: sistema progresivo que va del 19 al 54 por ciento para altos ingresos, la carga efectiva suele estar entre el 40 y el 45 por ciento.

Andorra:

- IGI (*Impost general indirecte*): tipo general del 4 por ciento.
- IRPF: el sistema es mucho más favorable, con los primeros 24.000 euros exentos y una tasa máxima del 10 por ciento para los ingresos más altos.

Para llevarte 1 millón de euros de beneficio, deberías facturar casi el doble en España que en Andorra. Esto se debe a que, en España, en la mayoría de las comunidades autónomas, a partir de 60.000 euros anuales ganados ya pagas casi el 50 por ciento de impuestos, mientras que en Andorra el tramo máximo es del 10 por ciento. Pero es que, además, su VAT es mucho menor: paga 0 por ciento de dividendos, etcétera.

Entendido el concepto de residencia fiscal, podemos darle una vuelta muy interesante a todo. Si lo recuerdas, te dije que los extranjeros pagan menos impuestos que tú... Esto es gracias a la ley Beckham.

La ley Beckham

La llamada «ley Beckham» (Régimen especial impatriados art. 93 Ley IRPF), se trata de un régimen especial aprobado en 2005 para atraer a profesionales extranjeros a España. Permite que quienes se mudan por motivos laborales tributen durante seis años como no residentes, paguen sólo el 24 por ciento fijo sobre las rentas obtenidas en España (hasta 600.000 euros, luego van al 47 por ciento) y estén exentos de declarar las de fuera en su mayor parte (y esto último es lo interesante).

Se hizo famosa porque futbolistas como David Beckham se beneficiaron de ella al fichar por clubes españoles. Y ahora tú también podrías.

El período de no residencia previa en España se redujo de diez a sólo cinco años, lo que facilita a muchos retornados poder activar este régimen sin esperar tanto. Se ha ampliado la posibilidad de acogerse a dicho régimen a nuevos colectivos antes excluidos: autónomos, teletrabajadores, profesionales altamente cualificados, emprendedores e incluso administradores de start-ups.

El truco, cien por cien legal y que se puede aplicar ahora mismo, es que los españoles que hayan estado residiendo fiscalmente fuera de España, pasados cinco años (antes eran diez) pueden volver y, si lo solicitan y cumplen los requisitos, se les aplicaría la ley Beckham.

Entonces podrías aprovecharte durante unos años del NHR portugués, por ejemplo, o vivir en Andorra o Dubái durante quince años, o lo que consideres. Si luego vuelves a España, sabes que durante seis años pagarás muchos menos impuestos que un español que no se ha movido del país, y si montaste negocios en otros países, estarán exentos de tributación.

En el artículo 93 de la Ley de IRPF vemos los principales requisitos para acogerte a esta ley:

Que no hayan sido residentes en España durante los cinco períodos impositivos anteriores a aquel en el que se produzca su desplazamiento a territorio español.

Que el desplazamiento a territorio español se produzca, ya sea en el primer año de aplicación del régimen o en el año anterior, como consecuencia de alguna de las siguientes circunstancias:

- Como consecuencia de un contrato de trabajo.
- Como consecuencia de la adquisición de la condición de administrador de una entidad.
- Como consecuencia de la realización en España de una actividad económica calificada como actividad emprendedora.
- Como consecuencia de la realización en España de una actividad económica por parte de un profesional altamente cualificado que preste servicios a empresas emergentes.

Si estás hoy en alguno de estos casos, o pensabas irte fuera en el futuro, con esta píldora ya puedes explorar esta vía tan interesante de optimización de la residencia fiscal.

Ya hemos visto los conceptos básicos: cómo funcionan los impuestos y, en concreto, el IRPF, el mayor que pagamos quienes trabajamos; y cómo funciona la residencia fiscal.

Veamos ahora el primer bloque de optimización: el trabajo.

SEGUNDA PARTE

TRABAJO

Un día de marzo de 2021 estaba en Marbella con mi nuevo jefe cuando me preguntó, sonriente, por mi experiencia previa. Le dije la verdad:

—Nunca gané un duro como empleado. Hice prácticas no remuneradas en un despacho de abogados de penal. Disfrutaba del trabajo y me caían genial mi jefe y mis compañeros, pero no era lo mío, porque no me parecía escalable.

Casualmente, me seguía en redes sociales y, tras hacerme varias preguntas y formarme durante un par de semanas, me nombró legal project manager.

¿Cómo llegué hasta ese momento? Tras una especie de crisis existencial. Acababa de terminar el máster de abogacía con veinticuatro años. Creaba contenido en redes sociales y ganaba probablemente el triple de lo que gana cualquier abogado de mi edad, pero todo ese dinero provenía de hacer colaboraciones con firmas del sector de la abogacía, o incluso comerciales, como Coca-Cola, y enseñarlas en mis vídeos. No me disgustaba, se me daba bien y me daba una libertad increíble, pero... me faltaba algo.

Sabía que tenía el potencial y las ganas para dedicarme exactamente a lo que quisiera; que no tenía por qué conformarme, aunque todo mi círculo me dijera que ya estaba muy bien. La felicidad, la ambición y la realización profesional son relativas, y que la gente te diga que ellos en tu situación estarían encantados no significa que tú debas estarlo. Yo era muy feliz, pero —insisto— me faltaba algo, y tenía claro que iba a ir a buscarlo.

Un mes antes de la llamada de mi nuevo jefe me fui con mi novia a un Airbnb en una playa perdida de Portugal durante un mes, en la que sólo podía hacer surf, leer y pensar. Los cambios de aire, si van acompañados de un trabajo real de introspección, suelen solucionar los problemas.

Me compré y devoré todos los libros sobre inversión, derecho y marketing que encontré para ver qué rama me gustaba más, y llegué a la conclusión de que me apetecía continuar profundizando en el mundo del derecho y la fiscalidad, pero de una forma innovadora.

Así, contacté con este despacho especializado en asesoramiento de inversión y creación de empresas de criptoactivos, ya que estábamos en el año de la fiebre de Bitcoin y mezclaba todas las habilidades que quería adquirir. Así empecé a trabajar como autónomo para un despacho que me pagó en criptomonedas que ahora mismo valen mucho menos que en aquel momento. En mi caso, salió mal en lo que respecta a la pasta ganada..., ¡pero podría haber salido bien!

De todas formas, viendo la fotografía global, estuvo genial, porque eso me hizo interesarme por los activos reales escasos como bienes de inversión y entender cómo por ellos se pagan muchos menos impuestos que por trabajar. Además, pude ver cómo funciona un despacho de abogados innovador por dentro.

Además, toda experiencia laboral vale la pena si sabes cuándo entrar y cuándo salir, y yo salí muy rápido porque jamás me ha importado el coste hundido: si algo me disgusta o ya no me aporta, aunque haya invertido tiempo y dinero, salto rápido a lo siguiente. De hecho, en un principio iba a estudiar Medicina. Hice el bachiller biosanitario y, en el último momento, me decanté por Derecho y Administración de Empresas.

Aprendí que ésa era la característica que define a los mejores emprendedores: prueban muchas cosas, muy rápido, y descartan lo que no sirve. Yo me di cuenta de que lo que me motivaba de verdad era tener mi propio negocio, mis propios horarios y no *tener techo salarial, muy por encima de la supuesta seguridad de un «trabajo fijo» del que, al fin y al cabo, te pueden echar.*

Para ahorrar impuestos, los empleados son quienes menor margen de maniobra tienen. Es aquí donde mucha gente se entristece, sin pensar que la vida respecto a las ganancias es mucho más amplia que ser empleado. Puedes ser empleado e invertir en inmuebles, en acciones, o incluso tener un negocio en paralelo.

Por eso te voy a presentar las principales claves que hay para ahorrar impuestos en lo relacionado con tu trabajo, pero, si ya las tienes en cuenta o no te sirven, don't worry, *en los siguientes bloques verás consejos de otras áreas que podrás aplicar.*

3

Empleados por cuenta ajena

En este bloque voy a contarte el margen de optimización de impuestos que tienes como empleado, empresario o autónomo. Llamo «autónomo» a quien trabaja solo, sin estructura societaria (persona física), y «empresario» a quien tiene una empresa (persona jurídica). «Empleado» es toda persona que trabaje por cuenta ajena.

No hablaré de los funcionarios, porque tienen su propia normativa y sería demasiada información para que este libro siguiese siendo práctico. En todo caso, lo que se aplica a los asalariados se parece bastante a lo que se aplica a los funcionarios, así que puedes informarte a partir de lo que explico a continuación.

Veamos, entonces, qué puedes hacer como asalariado para pagar menos en renta. Éstas son las cinco cosas principales en las que debes centrarte.

PIDE PARTE DE TU SUELDO EN FORMA DE RETRIBUCIÓN FLEXIBLE

La retribución flexible es esa modalidad en la que, en lugar de en dinero, recibes una parte del salario en especie o servicios, aprovechando exenciones fiscales. Es un *win-win*. Ahorras impuestos sobre ese tramo, y la empresa suele conseguir empleados más felices sin esfuerzo extra (incluso con deducciones empresariales).

Algunos ejemplos de beneficios que no tributan en IRPF (hasta ciertos límites):

- **Cheque guardería.** Si tu empresa paga la guardería de tu hijo/a (0-3 años) con tickets guardería o convenio con la guardería, ese pago está exento de IRPF.
- **Tickets restaurante.** Los vales de comida o tarjetas restaurante que te da la empresa para tus comidas laborales están exentos hasta 11 euros por día trabajado.
- **Cheque transporte.** Abonos de transporte público pagados por la empresa, exentos hasta 136,36 euros al mes (unos 1.500 euros al año). Sirve para transporte colectivo (metro, autobús, tren) en desplazamientos al trabajo. Si vives en una ciudad y gastas 100 euros al mes en transporte, mejor que te lo paguen vía retribución flexible: esos 1.200 euros al año no pagarían IRPF (y, según tu tipo, supondría un ahorro del 19-45 por ciento de esa cantidad). Importante: debe ser en forma de tarjeta para transporte, no pueden darte el dinero sin más.
- **Seguro médico.** Si la empresa te paga un seguro de salud privado, está exento hasta 500 euros al año por asegurado (empleado, cónyuge e hijos).
- **Cursos de formación.** La formación profesional que te financia la empresa (másteres, cursos, idiomas vinculados a tu puesto) también está exenta por considerarse beneficio para la empresa. Siempre que la formación esté relacionada con la actividad o sector, no hay límite de importe.

Así que si negocias con tu jefe que te dejen hacer un máster, mejor que te lo paguen directamente: mejoras tu *curriculum vitae* y no tributas nada por el dinero obtenido para pagártelo.

Piensa bien en esto, porque tiene todo el sentido del mundo: en vez de recibir el dinero (tributar por él), si son necesidades que tenías que pagar igual, como la guardería o el transporte público, te compensa mucho más que te lo paguen directamente en cheques y luego utilizarlos para eso.

Digamos que, así, algo de 20 euros, en realidad puede estar costándote 30. Interioriza este concepto, porque se aplica a todas las decisiones de compra que llevas a cabo en tu vida.

Pongamos que tu sueldo bruto es de 2.000 euros al mes. Si le quitas cotizaciones sociales (36 por ciento aproximadamente) quedan 1.400 euros. Por esos 1.400 euros pagas, por ejemplo, el 20 por ciento de IRPF. Es decir, te quedan 1.120 euros. Si, por ejemplo, quieres pagar una guardería que cuesta 200 euros al mes, es probable necesites cobrar 250 euros, o incluso 300 (porque hay que restar cotizaciones e impuestos). Si ibas a pagarlo igual, es mucho mejor que lo pague directamente tu empresa sin pasar primero por ti y tributar. Ten en cuenta que, cada vez que compras algo, ese algo te está costando su importe, más su IVA y los impuestos que necesitas pagar para poder recibir tu dinero.

Una buena jugada es destinar, por ejemplo, 30 por ciento de tu bruto a conceptos exentos, que es lo máximo que permite la ley (comida, transporte, guardería) y ahorrar IRPF sobre ese 30 por ciento, lo que al año puede convertirse en un ahorro fácil de miles de euros en impuestos.

Así que ya sabes: si te compensa, puedes proponerlo a tu empresa y, en general, aceptarán, porque a ti te llega más neto y a ellos no les perjudica en nada.

RECIBE ACCIONES DE TU EMPRESA

En el mismo sentido que lo anterior: en vez de cobrar todo en dinero, busca otras vías. Muchos empleados de grandes empresas reciben parte de su remuneración en forma de acciones de la propia empresa (o de la matriz). A veces son planes de «acción gratis» o *stock options* que la empresa ofrece a ciertos empleados. Es una forma de incentivar a los trabajadores, al hacerles partícipes de los beneficios. De este modo, les hacen sentir que la empresa también es suya y, por tanto, alinearlos con sus objetivos.

Buenas noticias: si se cumplen ciertos requisitos, el valor de esas acciones está exento de IRPF hasta 12.000 euros al año, y hasta 50.000 si tu empresa es una *start-up* calificada formalmente como «emergente» (para lo cual debes hablar con la empresa para que te confirme si es así). O sea, no pagarás impuestos por ese ingreso en especie (hasta ese límite). Por consiguiente, tiene bastante sentido cobrar en este concepto.

Además, alinea tus incentivos con los de la empresa: cuanto mejor le vaya a la empresa, más se revalorizarán estas acciones. Si lo cobrases como parte del sueldo, sí estarías pagando impuestos, lo que equivale a cobrar menos.

Éstos son los requisitos para la exención:

- La entrega debe hacerse de forma gratuita o con descuento a precio inferior al de mercado, como parte de tu nómina.
- La oferta de acciones debe realizarse en las mismas condiciones para todos los trabajadores de la empresa o al menos para un colectivo amplio (por ejemplo, todos los empleados de cierto nivel o antigüedad). Esto significa que no vale que sólo te las den a ti en exclusiva; tiene que ser un plan general (aunque se permite exigir, por ejemplo, cierta antigüedad mínima igual para todos).
- Ni tú ni tus familiares directos pueden tener ya una participación grande en la empresa. En concreto, no deben sumar más del 5 por ciento del capital de la compañía, para que no se cuele como exenta una entrega de acciones a socios mayoritarios camuflada de sueldo.
- Las acciones deben provenir de la empresa en que trabajas. No pueden ser acciones de Inditex..., salvo que trabajes en Inditex.
- Debes mantener estas acciones, al menos, durante tres años sin venderlas.

Cumpliendo estos requisitos, los primeros 12.000 euros en acciones son libres de IRPF, lo cual es un gustazo. Lo que exceda sí tributará como rendimiento del trabajo en especie que, básicamente, tributa igual que el rendimiento de trabajo «normal», entre el 19 y el 54 por ciento, según en qué comunidad autónoma vivas.

Por ejemplo, si te han regalado acciones valoradas en 11.000 euros, no pagas nada por ellas en la renta. Si te dieron 14.000 euros en acciones, 12.000 están exentos y 2.000 tributan como salario en especie.

Ahora bien, en el momento en que vendas esas acciones, sí tendrás que tributar por la diferencia entre el valor de adquisición y el de venta, lo que se llama «plusvalía efectiva». Pero esto siempre te va a compensar, porque significa que, además de haber ganado lo mismo que hubieras ganado trabajando, sin pagar impuestos, también ganas después por la revalorización de la acción.

Y, en este caso pagas los impuestos en la base del ahorro, cuyos tramos son más bajos que en la base general.

APROVÉCHATE DE LA REDUCCIÓN POR RENDIMIENTOS IRREGULARES

Mi amigo Manu me comentaba:

—Tres años trabajando en esta obra marítima y por fin está terminada. Mi empresa me debe un bonus de 80.000 euros, pero la mierda es que este año ya gané mucha pasta y voy a tributar un 50 por ciento por este bonus porque se suma a mis ingresos del trabajo.

—Tranquilo, vamos a solucionarlo.

Esto es muy poco conocido y te puede ahorrar decenas de miles de euros. Cuando le hablé de la (desconocida) reducción del 30 por ciento a este *crack*, uno de mis amigos que más dinero gana, se le iluminaron los ojos.

No todos los ingresos del trabajo son iguales a ojos de nuestra querida Hacienda. Si en 2024 has percibido un ingreso extraordinario generado durante más de dos años (o calificado reglamentariamente como «irregular»), puedes aplicar la desconocida reducción del 30 por ciento. Eso significa que sólo tributarás sobre el 70 por ciento de ese ingreso, y obtendrás un ahorro fiscal importante.

¿En qué casos se da esto? Algunos ejemplos típicos:

- Un bonus por objetivos del período 2024-2026 que te pagan todo junto en 2026. Al haber sido generado en tres años, cumple la condición (más de dos años).
- Una indemnización o pago único que compensa varios años, como podría ser una comisión que se devengó durante tres años, pero que por contrato te pagan al final, o unos atrasos de convenio de 2019-2021 pagados en 2024 en un cobro único.
- Ciertos rendimientos calificados como «notoriamente irregulares» aunque su generación sea instantánea. La normativa indica algunos: premios literarios, indemnizaciones por derechos que no se obtienen regularmente, etcétera.

Los requisitos clave para aplicar la reducción máxima del 30 por ciento son:

1. **Que el ingreso tenga un período de generación superior a dos años y se impute todo en un único año.** Si te lo pagan fraccionado en varios ejercicios, no vale.
2. **Que por reglamento esté en la lista de rentas «irregulares».** Por ejemplo, prestaciones con motivo del traslado a otro centro de trabajo (no exentas), indemnizaciones por lesiones no invalidantes, prestaciones por fallecimiento, compensaciones o reparaciones de complementos salariales, pensiones o por la modificación de las condiciones de trabajo, cantidades por la resolución, de mutuo acuerdo, de la relación laboral (lo que comentábamos arriba) o premios literarios, artísticos o científicos no exentos.
3. **Que no obtengas ese tipo de rendimiento de forma habitual cada año (la idea es premiar que sea ocasional).** Si todos los años te pagan un bonus así, Hacienda puede decir que es periódico y negar la reducción. Por ejemplo, si has pactado cobrar un bonus cada dos años, no se considerará irregular. Tienes que ser listo con esto, y que sea el mismo bonus pero que tarde más en devengarse. Si pactas cobrar el bonus cada dos años, no se considerará irregular.

4. **La parte del rendimiento sobre la que se aplica el 30 por ciento no puede exceder los 300.000 euros de rendimiento neto.** Si tu bonus es mayor, el exceso no tiene reducción.

Si el caso de mi colega Manu te parece demasiado descabellado, veamos algo más normal, como los bonus que suelen pagar a los que trabajan en las Big Four. Supongamos que en 2026 cobras un bonus de 10.000 euros por un proyecto que duró tres años. En vez de tributar por 10.000, tributarás sólo por 7.000 euros (30 por ciento menos). Si tu tipo medio de IRPF es 30 por ciento, en lugar de 3.000 euros pagarías 2.100 de IRPF por ese bonus, un ahorro de 900 euros sin hacer nada. Sólo por saber aplicar la ley.

Recuerda que, salvo que tu empresa aplique la reducción expresamente en tu nómina, esta reducción la aplicarás en el momento de hacer la declaración.

Esta reducción sólo se puede usar una vez cada cinco años para rendimientos del mismo tipo, y por eso es mejor acumularla. Así, sabiendo esto, puedes planificar cuándo te conviene. Es tu derecho de opción. Casi nadie lo sabe, ahora tú sí.

ACTIVA LA EXENCIÓN POR DESPIDO

Si te han despedido, al menos recibe la máxima indemnización gracias a este incentivo fiscal. Muchas de estas indemnizaciones están sujetas a una exención total o parcial de IRPF, según el caso.

Supón que te despiden por no lograr los objetivos durante varios años, o por alguna otra razón que no sea nula. Deberán pagarte una indemnización por despido improcedente u objetivo, que está exenta hasta el máximo que marca la ley laboral (Estatuto de los Trabajadores) para tu caso. El límite total exento es de 180.000 euros.

Si tu indemnización supera los 180.000 euros, se aplica esta exención sobre esa cantidad, y luego se aplica la reducción por rendimientos irregulares del 30 por ciento que vimos en el apartado anterior sobre el exceso. Así minimizas tu carga fiscal de forma muy muy pero que muy suculenta.

En este caso, también se deben cumplir algunos requisitos. Debe ser una indemnización por despido en los términos legales. Si es un despido disciplinario improcedente, por ejemplo, conviene que esa improcedencia quede reconocida en acto de conciliación o sentencia.

Si pactaste una salida voluntaria con indemnización, ojo: Hacienda puede considerarla una indemnización pactada no obligatoria y hacerte tributar. Esto no es lo mismo que pactar el despido, lo cual es delito porque es un fraude, y además de hacerte devolver el paro, pueden sancionarte con mucha dureza (y al empresario ya no digamos).

Sí: eso tan mítico de hablar con tu jefe para decirle que te quieres ir por voluntad propia, pero que quieres poder cobrar el paro, es ilegal. Lo que sí es legal es pactar una salida voluntaria que convenga a ambas partes, premiada con una indemnización.

Del mismo modo, si en los tres años siguientes vuelves a trabajar en la misma empresa (o grupo), Hacienda te exigirá devolver la exención: te harán tributar esa indemnización, porque entenderán que no hubo desvinculación real. Por tanto, si te indemnizan y luego te quieren recontratar, es mejor esperar esos tres años, o la indemnización perderá la exención.

Ahora ya lo sabes: si alguna vez te van a despedir, no te precipites y vuelve a este libro.

INVIERTE EN PLANES DE PENSIONES

La siguiente forma —ya no tan interesante— que tienes de ahorrar impuestos hoy son los planes de pensiones. A mí no me gustan porque sólo puedes deducir 1.500 euros al año de lo que aportes y, eso sí, 8.500 euros si tu empresa aporta por ti a un plan de pensiones de empleo. Los límites sólo se amplían en caso de personas con discapacidad hasta 24.250 euros anuales.

Yo dejé de aportar al mío hace poco porque sólo los puedes

retirar por causas tasadas o después de mucho tiempo, y haciendo números llegué a la conclusión de que no me interesaba.

Cuando puedas rescatar el plan, entonces tributarás por ese dinero, con lo que realmente se trata de un diferimiento. La estrategia es rentable si ahora tu tipo en renta es alto y en jubilación esperas menor tipo. Veremos en detalle los planes de pensiones en el apartado de inversiones, y te explicaré por qué no me encantan. No obstante, prefiero comentarlo porque sí me parecen útiles para aquellos empleados que no quieran invertir en ningún otro activo. Es imprescindible invertir, con la devaluación actual del dinero fiat y la altísima inflación que sufrimos. Por tanto, un plan de pensiones de renta variable o mixta es infinitamente mejor que dejar tu dinero parado en el banco.

Usa la exención por trabajos en el extranjero

Ésta es la mayor exención que existe hoy aparte de no tributar por tu indemnización en caso de despido.

Lee atentamente: los rendimientos del trabajo obtenidos en el extranjero pueden estar exentos del IRPF hasta 60.100 euros anuales (por eso un cliente mío que se pasaba la vida en Brasil conseguía ahorrarse una pasta en impuestos). Se trata del famoso artículo 7 p. de la ley del IRPF, probablemente el «truco» fiscal más potente para empleados expatriados o desplazados de forma temporal.

En esencia, te perdonan impuestos en España por lo ganado fuera, con algunas condiciones.

Los requisitos para aplicar el 7 p. son:

1. **Que el trabajo sea efectivamente realizado en el extranjero.** Significa que físicamente has trabajado fuera de España. No vale teletrabajar desde casa para una empresa extranjera; tienes que estar desplazado en el otro país (sea unos días, meses o todo el año).
2. **Que el trabajo se haga para una entidad no residente en el extranjero.** Por ejemplo, tu empresa española te

envía a un cliente en Alemania o Brasil para hacer un proyecto allí; cumples, porque prestaste servicios para un cliente no español. También suele valer si te manda a la filial extranjera del grupo (considera que prestas servicio a esa filial). La empresa que se nutre de tu trabajo fuera debe ser no residente en España. Además, como requisito adicional, en este caso ambas empresas deben facturarse tus gastos (es un trámite que ya sabrán hacer ellos).

3. **Que en el país en que trabajas haya un impuesto similar al IRPF y no sea paraíso fiscal.** Normalmente esto se cumple si el país tiene convenio de doble imposición con España con cláusula de intercambio de información (la mayoría de los países). Por ejemplo, los de la Unión Europea y Estados Unidos; casi cualquier país civilizado cumple este requisito.

4. **El tope anual exento es de 60.100 euros.** Si ganaste 70.000 euros por trabajar fuera, 60.100 quedan exentos y 9.900 tributarán.

Por ejemplo, Pedro trabaja para una consultora española, y en 2024 estuvo cuatro meses en un proyecto en Manhattan. Su salario anual fue 80.000 euros brutos. De ésos, digamos que 20.000 euros corresponden a los meses en Manhattan. Cumple los requisitos porque Estados Unidos tiene IRPF y trabajó para una empresa mexicana cliente. Por tanto, en su declaración esos 20.000 euros quedan exentos. Hacienda sólo le hará tributar por los 60.000 euros restantes que ganó trabajando en España. El ahorro de Pedro puede ser del orden de 8.000 euros en impuestos, nada menos.

Por último, y muy importante: para que no te la líen el día de mañana, debes guardar justificantes de todo.

4

Autónomos y empresarios

Un día, en 2022, me llamó Xavi Abat, un amigo que conocí a través de las redes sociales, después de que yo hubiese empezado a subir vídeos. Es abogado colegiado desde que yo nací (1996) y me ha ayudado muchísimo en todo mi camino hasta hoy. Él también estaba empezando a hacer vídeos para redes, aunque en su caso tenía mucho más mérito, ya que en el mundo de los abogados eso no está muy bien visto, y menos aún si tienes cuarenta y ocho años. Pero a los dos nos daba igual lo que estuviera bien visto. De hecho, por lo general, hacer lo contrario a lo que se supone que hay que hacer en una profesión determinada es lo que mejor funciona.

Nos entendimos desde el primer día. Me contó que un colega tenía un despacho de abogados y que prestaba un servicio fantástico a los clientes, pero todavía no tenía muchos, y me pidió que le pasara clientes, porque tenía un equipazo listo.

Era un servicio concreto que no había en el despacho de abogados en que yo trabajaba en ese momento, por lo que acepté quedar con él. Me encantó su forma de trabajar. Me dejaba supervisar cada tema y me daba transparencia máxima para que todo saliera bien. Montamos un sistema genial y teníamos grandes abogados de apoyo.

Me pidió que subiese un vídeo sobre un nuevo servicio, y él se encargaría de atender a todos los clientes que entrasen. Tenía la última tecnología y una decena de abogados listos para atender todas las llamadas que entraran. Me anunció que me pagaba una cantidad fija por cada cliente que entrase. Esto no me había pasado jamás. ¿Podía hacer un vídeo como me diera la gana y un despacho moderno iba a atender a todos los clientes? Adelante.

Estuve un día entero pensando en el guion del vídeo, en cada palabra, en la imagen que pondría de fondo, en la llamada a la acción. Me esforcé como nunca, porque era la primera vez que no tenía un tope para mi creatividad. Lo subí y, al cabo de tres horas me pidió que «parase el vídeo» porque estaban llamando demasiados —llevaba un millón de visitas, con lo que gané un mínimo de 10.000 euros— y no podía atenderlos a todos. Sabía que estaba sufriendo, así que lo ayudé en todo lo que pude y no le cobré todo lo que me debía porque entendí la situación. Nos entendimos tan bien que, una semana más tarde, Xavi, Iván y yo montamos nuestra empresa, mi primera empresa, con veinticuatro años: un despacho de abogados, donde contratamos a nuestra primera empleada, la gran Joana. Me di cuenta de toda la magia que permite hacer una sociedad. Pronto montaría más.

Sin embargo, en los últimos cuatro años sólo ha habido un autónomo de origen español por cada cien nuevos funcionarios de origen español. Todos los chavales con los que hablo que pueden deslocalizarse lo están haciendo. Te parecerá mejor o peor, pero lo están haciendo. Como España me parece un país increíble pero en vías de ser destrozado por los políticos, quiero esforzarme al máximo para que captes las estrategias de minimización de impuestos.

Figura 4.1. Ciclo de vida del emprendedor

AUTÓNOMO   SOCIEDAD   HOLDING

De menos a más posibilidades de optimizar los impuestos y organizarse, el ciclo de vida del emprendedor es: autónomo, sociedad y holding. Analizaremos cada una de esas fases y las diferentes formas jurídicas que hay para montar un negocio. Sea cual sea —infoproductos, tienda de ropa, restaurante, mentorías, etcétera—, en todos los casos tendrás que darle una «forma jurídica». En España las principales son:

a. Empresario individual: o sea, autónomo sin más, sin sociedad. Suele ser por la que se empieza.
b. Sociedad limitada: a menudo es la clave en el largo plazo.

Luego hay otra serie de sociedades como la cooperativa, la civil o la anónima, pero son para casos muy específicos, en los que no entraremos. Por ejemplo, la anónima son las típicas empresas grandes que todos conocemos, como Inditex, que requieren un capital social mínimo de 60.000 euros. Nosotros hablaremos de aquellas que puedes constituir desde 1 euro.

¿CUÁNDO HAY QUE DARSE DE ALTA COMO AUTÓNOMO?

Antes de entrar aquí, debes saber que hay varios tipos de autónomos. Así, en cuanto a la forma de cotización, los autónomos pueden optar principalmente por dos sistemas:

a. Estimación directa. Es el sistema más utilizado. Los autónomos pagan impuestos sobre la diferencia entre sus ingresos y sus gastos deducibles. En la estimación directa existen dos modalidades: normal y simplificada.

- Normal: es la minoritaria y está dirigida a autónomos cuyos ingresos superan los 600.000 euros anuales o que voluntariamente deciden acogerse a ella. También es obligatoria para quienes no cumplan con los requisitos para la modalidad simplificada o el régimen de estimación objetiva (módulos). Es la más rollo; si puedes evitarla porque no ganas lo suficiente, hazlo.
- Simplificada: pueden optar por ella los autónomos cuyos ingresos no superen los 600.000 euros anuales y que no estén excluidos expresamente por la normativa. En términos de obligaciones contables y de gestión, esta modalidad es más sencilla.

b. **Estimación objetiva o por módulos.** Este sistema permite calcular los impuestos basándose en estimadores objetivos como metros cuadrados del local, número de empleados, etcétera, sin tener en cuenta los ingresos reales ni los gastos deducibles. Sin embargo, sólo ciertas actividades y autónomos pueden acogerse a este sistema: taxistas, el comercio minorista, la hostelería... Puedes encontrar la última normativa oficial que se actualiza cada año (y que debes repasar para saber si sigues en ella) en: <https://www.boe.es/eli/es/o/2023/12/19/hfp1359/con>.

Casi todos los autónomos de España están en el régimen de estimación directa simplificada, y es de quienes hablo a lo largo del libro.

Para crear tu negocio y ganar dinero, es necesario cumplir dos requisitos:

- Estar dado de alta en la Seguridad Social como autónomo, con un coste mensual mínimo de 225 euros, salvo que se tenga la tarifa plana de 80 euros, que veremos ahora. Se hace a través de la web de la Tesorería General de la Seguridad Social (<https://portal.seg-social.gob.es/>), en el apartado «Altas, bajas y modificaciones» y después en «Alta en trabajo autónomo».

- Estar dado de alta en Hacienda mediante la presentación del alta censal (modelo 036 o 037), gratis, que te obligará a hacer las declaraciones de IRPF, IVA e impuestos.

Cuando se tienen ingresos muy bajos, muchos se cuestionan si vale la pena pagar la cuota de autónomos y los impuestos. Para no pagarlos, optan por mantenerse en la economía sumergida y cobrar todo en B, con la incertidumbre de si habrá o no consecuencias. Sí, puede haberlas.

El criterio es que si ejerces una actividad con la que ganas dinero de forma habitual, personal y por cuenta propia, debes darte de alta como autónomo, independientemente de que tengas empleados o ganes sólo 1 céntimo.

Sin embargo, hay un matiz importante respecto a lo de «ganar dinero», que explico porque siempre buscamos apoyarnos lo máximo posible en la ley y su margen de maniobra. El Tribunal Supremo dijo que lo lógico es que quien gana menos del salario mínimo interprofesional (SMI) no tenga que darse de alta como autónomo, pero aun así la Seguridad Social a veces pone problemas. Esto supone un sinsentido absoluto y una gran inseguridad jurídica, porque nadie tiene claro qué puede hacer y qué no.

¿Qué haría yo, si estuviera empezando con un pequeño negocio, sobre todo online (ya que con un establecimiento abierto al público sí que deberás darte de alta como autónomo desde el primer día, porque es obvia la recurrencia)?

Hay un truco para no pagar cuota de autónomo y poder ganar los primeros euros sin cobrar en B. Para emitir facturas legalmente basta con el alta en Hacienda, y así no pagarás la cuota de autónomo. Pero repito: muchísimo cuidado con hacerlo de forma recurrente.

Si acabas de empezar, y no estás seguro de si ganarás dinero, lanza tu producto mínimo viable, experimenta, date de alta en Hacienda para poder emitir alguna factura y, en cuanto empieces a ganar algo de dinero (300-400 euros) de forma recurrente, date de alta como autónomo.

LOS SEIS MEJORES INCENTIVOS FISCALES

Vamos a ver los seis incentivos que me parecen más interesantes, de los cuales el primero es bastante desconocido.

Provisión por gastos de difícil justificación (5 por ciento, hasta 2.000 euros)

Cuidado con éste, porque muchos gestores se olvidan de meterlo, y eso no tiene ningún tipo de sentido. Inclúyelo siempre. Todo autónomo en la modalidad simplificada del régimen de estimación directa —casi todos— puede deducirse el 5 por ciento del rendimiento neto sin poder superar los 2.000 euros anuales.

Es un gasto que te permiten porque se entiende que en la actividad de un autónomo hay decenas de gastos difíciles de justificar, y se supone que este concepto los engloba (mentira, pero algo es algo).

Si hubieras ganado más de 40.000 euros, el 5 por ciento son 2.000 euros, que es el límite. Ya ganes 41.000 o 120.000 euros, sólo podrás deducirte 2.000 euros por este concepto.

Esta reducción es incompatible con la prevista para trabajadores autónomos económicamente dependientes o con un único cliente no vinculado, también de 2.000 euros —con carácter general—. Si es tu caso, revisa cuál te conviene.

Reducción por inicio de actividad (20 por ciento)

¿Es tu primer o segundo año como autónomo? Comprueba si puedes aplicar la reducción del 20 por ciento por inicio de actividad en el IRPF. Notarás enseguida un ahorro importante (diferente a la «tarifa plana» en la Seguridad Social).

Es decir, en vez de tributar sobre 100.000 euros, lo harás sobre 80.000 euros (se reduce en un 20 por ciento). Podrás aplicarla los dos primeros años que tengas beneficios. Si vas a iniciar una actividad a finales de este año, ten en cuenta esta regla, ya que si no planificas bien perderás un año entero con esta bonificación fiscal.

El truco aquí es que si vas a tener pocos ingresos el año que comiences, realices un buen gasto que esté relacionado con tu actividad —como un ordenador o un móvil— que haga que finalmente no des beneficio y así no perder un año de esta bonificación.

Reducción por rendimientos irregulares (30 por ciento)

Esta reducción es un incentivo fiscal del IRPF que permite tributar sólo por el 70 por ciento de ciertos ingresos excepcionales. El objetivo de esta medida es evitar la penalización fiscal que supondría pagar impuestos de golpe por rentas acumuladas durante varios años.

Así, si un autónomo percibe en un solo ejercicio un ingreso que realmente corresponde a varios años de trabajo, la reducción busca equilibrar la carga tributaria de ese año excepcional. Por ejemplo, tras aplicar el 30 por ciento de reducción, un ingreso irregular de 50.000 euros acabará tributando como si fuesen 35.000, ahorrando impuestos sobre 15.000 euros de base imponible. Es lo que vimos antes en el caso de los asalariados.

Hacienda lista como casos claros los siguientes:

- Subvenciones de capital para la adquisición de elementos del inmovilizado no amortizables (por ejemplo, un terreno).
- Indemnizaciones y ayudas por cese de actividades económicas.
- Premios literarios, artísticos o científicos no exentos.
- Las indemnizaciones percibidas en sustitución de derechos económicos de duración indefinida (por ejemplo, una persona percibe una indemnización que sustituye el derecho a una pensión vitalicia).

Reducción para artistas (30 por ciento)

Estás de suerte si eres artista, ya que podrás aplicar una reducción del 30 por ciento por tus ingresos excepcionales siempre que excedan en un 130 por ciento la media de los tres años anteriores. Con este alivio tributario se reconoce la irregularidad de tu actividad profesional. El mecanismo es sencillo:

1. Se calcula la media de los ingresos de los tres años anteriores.
2. Si en el año actual los ingresos superan el 130 por ciento de esa media, el exceso será el monto al que se aplicará la reducción del 30 por ciento.

Esta deducción no afecta a la totalidad de los ingresos, sino sólo al excedente. Pongamos que un artista autónomo tuvo una media de ingresos de 30.000 euros en los últimos tres años. Este año, sus ingresos ascendieron a 80.000 euros. El 130 por ciento de la media equivale a 39.000 euros. Los 41.000 euros restantes podrán beneficiarse de la reducción del 30 por ciento.

Reducción por aportar a planes de pensiones

Existe la posibilidad de efectuar una aportación de 1.500 euros a un plan de pensiones individual, e incrementarlo en 4.250 euros por ser autónomo, de modo que se podrá aplicar una reducción máxima adicional de 5.750 euros. Más adelante profundizaremos en los planes de pensiones.

Otros gastos deducibles

Incluye todos los gastos deducibles que puedas siempre y cuando sean justificables. Un gasto deducible es aquel que tiene un autónomo y que se puede desgravar en dos impuestos: el IRPF y el

IVA (puedes consultar el anexo al final del libro donde se reúnen todos los gastos de los autónomos).

GASTOS DEDUCIBLES EN EL IRPF PARA AUTÓNOMOS

Serán deducibles en el IRPF los gastos que cumplan con los siguientes requisitos:

- Que estén relacionados con la actividad. Es decir, deben estar directamente relacionados con la obtención de ingresos. Algunos ejemplos: materias primas y suministros para la producción de bienes o servicios; contratación de servicios profesionales como contabilidad o asesoría legal; alquiler de local o espacio de trabajo, etcétera.
- Que esté registrado en el momento de efectuarse (debes pagar con tarjeta para que se vea el cargo en tu cuenta). Ten en cuenta que Hacienda puede pedirte justificación de los gastos de los cuatro años anteriores, así que guárdalos bien.
- Que legalmente pueda deducirse (las multas no pueden deducirse, por ejemplo).

El detalle de los gastos de la actividad que son deducibles en renta (importes siempre sin IVA) se incluyen desglosándolos según el «tipo de gasto» en las casillas desde la 0181 hasta la 0218.

Por tanto, si este año ingresaste 10.000 euros, incluyes los 1.000 euros del ordenador que te compraste para el trabajo, los 500 euros del móvil de empresa y un software directamente relacionado con tu actividad de 100 euros (total: 1.600 euros). En renta (IRPF) sólo pagarías por 8.400 euros (10.000 − 1.600).

Ahora la mala noticia: aun cumpliendo todos estos requisitos, Hacienda es sumamente estricta para aceptar un gasto. Cuando acabé Derecho, pensaba que Hacienda no se metía demasiado en esto, e intenté meterme mi tabla de surf como gasto deducible porque contribuía a mi bienestar físico y mental y me hacía ser más productivo. Esto es cien por cien verdad, pero, tal y como me dijo entonces mi gestora, era absurdo, porque deben ser gastos directamente relacionados con la actividad profesional. Sólo puedes deducirte la tabla si eres surfista profesional.

Otros países de nuestro entorno no son tan estrictos como la Hacienda española. Por ejemplo, la portuguesa es infinitamente más laxa a la hora de deducirte gasolina, vehículo, viajes, etcétera. Por ejemplo, en España, aunque los use para mejorar mi aspecto en mis vídeos, no puedo desgravarme un reloj o un traje caro. Ahora veremos por qué.

Hay tres grandes grupos de gastos que puede tener un autónomo o una empresa, y es clave entender bien cómo los trata Hacienda para no perder deducciones ni meterse en problemas.

Gastos afectos a la actividad

La ley señala que únicamente se consideran afectos a actividad económica los gastos que el contribuyente realiza para los fines de ésta. Eso no incluye los que se usen simultáneamente para actividades económicas y necesidades privadas, salvo que la utilización para estas últimas sea accesoria y notoriamente irrelevante.

Además, no serán deducibles los gastos que resulten excesivos o desmesurados en comparación con el importe que pueda considerarse normal atendiendo a los usos y costumbres.

Ahí está el problema con el traje o el reloj elegante (y caro). Como puede usarse para el día a día, para ir a bodas, etcétera, no sirve. Y también porque su precio es «desmesurado». Si fuera un mono de trabajo para un obrero, sí serviría. Los abogados y consultores no tenemos un uniforme de trabajo, o, mejor dicho, nuestro uniforme es el traje. Pero a Hacienda esto le da igual: debe ser un gasto exclusivamente afecto a la actividad. En resumen: todo lo que es imprescindible para generar ingresos y que esté bien justificado. Algunos ejemplos:

- Materiales, software, mercancías, embalajes, transportes, combustibles, aduanas.

- Nóminas, dietas, retribuciones en especie, cotizaciones a la Seguridad Social, tanto de empleados como propias.
- Alquileres de locales o equipos técnicos, cuotas de *leasing* (si cumplen los plazos mínimos legales), servicios profesionales externos.
- Intereses de préstamos de explotación, el IBI o el IAE si afectan al local o inmueble donde trabajas.

Un pequeño truco es hacer una revisión anual con tu gestor, o tú directamente con el extracto de tu cuenta profesional, para asegurarte de que no estás dejando gastos sin incluir. Muchos autónomos se olvidan de deducirse el coste de la cuota de autónomos, los seguros de responsabilidad civil o las comisiones bancarias, y acaban pagando impuestos que se podrían haber ahorrado.

Lo ideal es que, si no te puedes permitir delegar esta tarea, lo hagas tú los primeros años, pero contrates en cuanto puedas a un gestor o a un asistente virtual que te ayude a hacerlo. Si no delegas esta burocracia aburrida, te vas a ahogar en trámites, en vez de poner el foco en el negocio.

Gastos mixtos de deducibilidad limitada

Aquí entran los que Hacienda revisa con lupa porque pueden tener un componente personal. Son deducibles, pero sólo si puedes demostrar que están afectos a la actividad.

El **teléfono** es el clásico ejemplo: si tienes una línea exclusiva para tu negocio y otra para uso personal, puedes deducirte la profesional sin problema; si compartes una misma factura, la deducción se complica, aunque siempre puedes pedir al operador un desglose.

Con la **vivienda** ocurre algo similar: si trabajas desde casa, puedes deducirte una parte de los gastos (alquiler, suministros, IBI, comunidad, amortización), pero sólo en proporción al espacio destinado al trabajo. Por ejemplo, si utilizas el 30 por ciento de la vivienda para tu actividad profesional, puedes deducirte el 30 por ciento de los gastos, y dentro de esa parte, la ley permite deducir el

30 por ciento adicional sobre suministros (es decir, el 30 por ciento del 30 por ciento). Es poco, pero al cabo del año se nota.

En cuanto al **coche**, sólo podrás deducirlo si está realmente afecto a la actividad. Si eres transportista, comercial o trabajas desplazándote a diario, sí; si lo usas también para tu vida personal, Hacienda casi siempre te lo discutirá y será difícil justificarlo. Para defenderlo en caso de revisión, hay algunos trucos sencillos:

- Demostrar que el vehículo «duerme» en un parking cercano al local.
- Rotular el vehículo con el logotipo de la empresa.
- Conservar los datos del GPS para demostrar los trayectos.
- Cuadrar el día y la hora de los desplazamientos con las reuniones agendadas previamente con clientes o proveedores mediante email o WhatsApp.

La **ropa** sólo se admite cuando es específica y necesaria (uniformes, batas, delantales, cascos). Los gastos de **comidas** o **viajes** sólo se aceptan si están vinculados a la actividad, pagados con tarjeta o medio electrónico y con factura de un establecimiento de hostelería, no del supermercado. La ley fija un tope de 26,67 euros diarios en España y 48,08 euros en el extranjero, o el doble si hay pernocta.

El *hack* aquí es sencillo: tener separadas las cuentas y tarjetas personales y profesionales. No sólo facilita la contabilidad, sino que te da mucha más credibilidad si Hacienda revisa los movimientos.

Gastos no deducibles o con límites estrictos

En este grupo están los que directamente no puedes incluir por mucho que estén relacionados con tu negocio. No se admiten multas ni sanciones, donativos o liberalidades, gastos en paraísos fiscales, pérdidas de juego o aportaciones a fondos de pensiones del propio empresario. Tampoco las provisiones o fondos para contingencias similares.

Sí, puedes deducir los regalos o invitaciones a clientes, pero sólo hasta el 1 por ciento de tu cifra de negocios anual. Si facturas 55.000 euros, el máximo deducible son 550 euros. Cualquier gasto superior lo pagarás tú. En cambio, los regalos o incentivos al personal —por ejemplo, una cesta de Navidad o una comida de empresa— no están sujetos a ese límite, porque se consideran gasto de personal.

El último truco práctico es mantener un criterio coherente: si puedes explicar el gasto con lógica y tienes un documento que lo respalde, es más probable que sea aceptado. Lo que más valora Hacienda no es tanto el gasto en sí, sino que haya relación directa con tu actividad y que esté documentado de forma razonable en el momento de efectuarse.

Para hacerlo perfecto, la factura debe estar a nombre del autónomo, con su NIF y su dirección, en la que también consten:

- El nombre del proveedor y sus datos fiscales (razón social, NIF y dirección).
- El concepto del gasto.
- La fecha.
- El importe y el desglose de impuestos.

Imagen 4.1. Ejemplo de factura

Factura

NÚMERO	DE	PARA
0001234	**Proveedor S.L.**	**Cliente Ejemplo**
	NIF: B00000000	NIF: 00000000X
	Calle Principal, 123	Avenida Central, 456
FECHA	28000 Ciudad	28010 Otra Ciudad
27/04/2024	España	España
	contacto@empresadetest.com	

Descripción	Cantidad	Precio unidad	Importe
Concepto de producto o servicio	5,00	400,00 €	2.000,00 €
		SUBTOTAL	2.000,00 €
		IVA (21,00%)	420,00 €
		Total	**EUR 2.420,00 €**

GASTOS DEDUCIBLES EN EL IVA PARA AUTÓNOMOS

Aquí no me extenderé mucho, porque es muy similar al apartado del IRPF. En este caso, para deducir el IVA soportado, se exige, además de tener la factura correcta:

- Que el bien o servicio esté afecto directa y exclusivamente a la actividad económica.
- Que el autónomo realice operaciones sujetas y no exentas de IVA.

En el IVA no se atiende tanto a si el gasto es «necesario» para hacer tu trabajo, sino a si existe una vinculación real con la actividad y con operaciones que generan derecho a deducción. Por eso, los bienes o servicios de uso mixto son especialmente problemáticos y Hacienda suele ser muy restrictiva.

Este impuesto funciona como un sistema de compensación entre el IVA repercutido a los clientes y el IVA soportado en los gastos. Si repercutes más del que soportas, ingresas la diferencia; si soportas más del que repercutes, puedes compensarlo o solicitar su devolución. Pero el derecho a deducción no depende de haber cobrado IVA, sino de la naturaleza de tu actividad.

Como autónomo, este impuesto te afectará de dos formas distintas: pagarás el IVA de los bienes o servicios que adquieras para desarrollar tu actividad y se lo añadirás, también, a los bienes o servicios que vendas a tus clientes. Al final de cada trimestre, deberás entregar a Hacienda el IVA que hayas cobrado a tus clientes (IVA repercutido) y, a cambio, podrás recuperar el que has pagado al adquirir bienes o servicios para llevar a cabo tu actividad (IVA soportado).

Me hace mucha gracia cuando la gente dice que el IVA no te pertenece, y que te da igual aplicar este impuesto como autónomo porque «total, luego te lo deduces». Esta gente no ha sido autónoma en su vida. Si vendes a otro empresario, puede que no le importe el IVA porque se lo deducirá (siempre y cuando tenga el suficiente IVA soportado como para hacerlo), pero si vendes a consumidor final, el IVA encarece el producto un 21 por ciento. Cuando vas a comprar un abrigo a Zara, ¿miras si cuesta 80 euros más IVA, o si cuesta 100 euros? Lo mismo ocurre cuando contratas a un abogado, compras un curso online o cualquier otro producto o servicio.

Desde un punto de vista contable el IVA puede ir por separado del precio en sí mismo, pero desde el punto de vista del negocio del autónomo, por supuesto que le importa cobrar el IVA. De hecho, si puede cobrar un IVA reducido (10 por ciento), superreducido (4 por ciento) o exento (0 por ciento), lo hará encantadísimo. A un empresario siempre le afecta todo aquello que disminuya la diferencia entre el precio y lo que él recibe.

Por ejemplo, si yo vendo un curso online a personas físicas (no empresarios), sobre derecho, y este curso vale 100 euros, toda la gente que me lo compre pagará 100 euros, y para mí sólo serán 79 euros. En cambio, si ese mismo curso online lo convierto en un libro, y los libros pagan el IVA superreducido del 4 por ciento, cuando el cliente pague 100 euros, para mí serán 96. Es decir, que sin IVA o con IVA reducido, me quedo con mucho más dinero neto, que es lo que a mí me importa. ¿A ti no? Por eso, si facturas B2C (*business-to-consumer*, a cliente final) siempre te interesará pagar el menor IVA posible y deducirte los mayores gastos posibles relacionados con tu actividad para compensar los que sí has tenido que comerte tú.

Tabla 4.1. Tipos de IVA por productos y servicios

IVA GENERAL 21 %	• Cursos online, formación no reglada y productos digitales. • Venta de ropa, electrónica, muebles y bienes de consumo en general. • Alquiler de locales de negocio. • Suscripciones, software, licencias y servicios SaaS. • Publicidad y servicios de intermediación.

... /...

... / ...

IVA REDUCIDO 10 %	• Servicios de hostelería, restauración y catering (comida y bebida, no alcohol en discotecas). • Servicios hoteleros, campings, balnearios y turismo rural. • Servicios de limpieza, recogida de basuras y saneamiento. • Rehabilitación y reparación de viviendas (cumpliendo requisitos). • Entradas a espectáculos: cine, teatro, conciertos, circos. • Servicios agrícolas, forestales y ganaderos. • Venta de viviendas nuevas (salvo VPO, que es al 4 %).
IVA SUPER-REDUCIDO 4 %	• Alimentos básicos como pan común, harinas panificables, leche, quesos, huevos, frutas, verduras, hortalizas, legumbres, cereales y tubérculos. • Libros, periódicos y revistas en papel (no electrónicos). • Medicamentos de uso humano. • Prótesis, órtesis, sillas de ruedas y productos para personas con discapacidad. • Viviendas de protección oficial (VPO) en determinados supuestos muy concretos.
IVA EXENTO 0 %	• Servicios sanitarios prestados por profesionales titulados. • Educación reglada y formación oficial reconocida por el sistema educativo. • Servicios financieros y bancarios (préstamos, créditos, transferencias). • Seguros y mediación de seguros. • Alquiler de vivienda habitual. • Determinadas actividades culturales y sociales sin ánimo de lucro.

Ojo, en la exención no cobras IVA, pero tampoco te deduces el IVA de tus gastos. En los casos en que tengas pocos gastos, te da totalmente igual, ¡y te ahorras una pasta!

Si hay duda razonable, lo prudente es repercutir IVA o pedir consulta vinculante. El tipo de IVA depende del producto o servicio, no de ti, pero sí puedes modificar ese producto para conseguir que encaje.

Por ejemplo, si vendes infoproductos, como cursos online, una gran idea es adecuarlos a la educación reglada. Como infoproductor, en España puedes beneficiarte de la exención de IVA en tus cursos sólo si encajan en la exención educativa del artículo 20.1.9.º de la Ley del IVA, lo que exige cumplir varios requisitos estrictos:

1. El contenido debe tener finalidad formativa real (no meramente divulgativa, motivacional o de entretenimiento).
2. Debe ser equivalente a enseñanzas incluidas en planes oficiales o claramente orientadas a la capacitación profesional (economía, marketing, derecho, fiscalidad...).
3. Debe existir estructura docente, aunque no sea reglada (programa, objetivos, materiales, evaluación o seguimiento).
4. La exención no depende de que sea online o presencial ni de que haya vídeos grabados, pero sí se pierde si el curso es puro acceso a contenidos bajo demanda sin tutorización mínima. Aquí lo ideal es que sea mayoritariamente en directo (el 80 por ciento, por ejemplo) y que comuniques constantemente por email a los alumnos que las clases son en directo y que asistan (aunque luego vaya poca gente y la dejes grabada para el resto), pero es importante insistir con esto para que Hacienda no te lo rechace.

Otra buena idea como emprendedor es vender *ebooks*, ya que sólo repercutes el IVA del 4 por ciento y funcionan muy bien como producto de entrada a tu ecosistema. Este libro, por ejemplo, puede ser muy barato para el valor que aporta, porque paga un 4 por ciento de IVA, y no un 21 por ciento, como mis cursos online. Escribir un libro siempre es una buena idea, seas quien seas. Te ayuda a ordenar tus ideas y aportar tu granito de arena. Y si ese granito está libre de impuestos, mejor todavía, ya que el tipo de IVA afecta directamente a la competitividad.

Además, actuar como recaudador del Estado del IVA incrementa tu burocracia y trámites y te dará problemas, sobre todo si vendes de forma intracomunitaria (a gente que consume tu producto o servicio desde otros países de la Unión Europea). En ese caso, te recomiendo registrarte en el ROI (Registro de Operadores Intracomunitarios) también llamado VIES, que es gratis.

El ROI sirve para poder comprar y vender servicios o bienes dentro de la Unión Europea sin aplicar IVA en factura, aplicando la inversión del sujeto pasivo. Es clave para evitar cobrar

IVA español a clientes europeos y para no pagar IVA extranjero en compras intracomunitarias.

Y ahora pasemos al siguiente eslabón, el que hace que podamos acumular capital en nuestra bola de nieve del negocio sin que Hacienda vaya sacándonos pedazos en cantidades industriales con su pala. Aquí tenemos un mayor margen de maniobra para acumular capital y sacarlo para nuestra persona física sólo cuando lo necesitemos: en el salto a la sociedad.

5

Creación de sociedades

La vida es un juego en el que finalmente todos moriremos, y lo cierto es que a nadie, menos a tu círculo más cercano, no le importa en absoluto lo que hagas, y por eso hay que atreverse a ir en serio con lo que de verdad te motiva y no dejar de hacerlo por creencias limitantes o nervios. No dejes que la posibilidad de molestar al resto te frene a la hora de perseguir un proyecto que sabes que te beneficia.

El día que decidí que no dejaría de hacer nada por miedo o por vergüenza todo se volvió mucho más fácil. Me acuerdo como si fuera ayer. Llevaba dos meses divulgando sobre derecho en redes sociales, ya había escrito varios artículos en periódicos y empezaba a adquirir confianza propia. Sentía que podía hacer todo.

Hasta que un día sonó el teléfono.

Era una llamada de un programa muy importante de la televisión. Querían hacerme una entrevista —en directo— sobre derecho, y me pagaban 340 euros por cuarenta y cinco minutos. ¡Nunca había ganado tanto dinero tan rápido! Sin embargo, eran temas que pensaba que no dominaba por completo y, además, me podían preguntar sobre cualquier cosa: política, actualidad, derecho penal o civil... Yo tenía veinticuatro años y cero experiencia, así que dije que no, que estaba ocupado. Cuando se lo conté a mi novia, Baba, me convenció de que dejara de ponerme excusas de mierda y venciera la vergüenza. En ese momento, me prometí a mí mismo que nunca más rechazaría algo por ese motivo. Al final, acepté la entrevista y salió bastante bien. Recuerda: es muy importante lo que pienses de ti mismo y cómo te hables a ti mismo. La vida son aprendizajes y, cuanto antes te expongas, te arriesgues y la cagues, antes aprendes.

Por eso, cuando en 2025 me invitaron a debatir sobre fiscalidad con un inspector de Hacienda ante siete mil personas, acepté, aunque no me sintiera preparado del todo (nunca te sientes así). Fue el inspector el que rechazó el debate, como también lo hizo un exinspector. Parece que siempre tienen algo que ocultar, como la fórmula ininteligible que se aplica para calcular su bonus y que, sí, en parte va ligada al número de inspecciones que abran. Creo que, si intentaran explicar las cosas con mayor transparencia, la gente podría tener un concepto mejor sobre ellos, o al menos entender mejor algunas cosas. Por alguna razón, no lo hacen. Por lo mismo por lo que en el borrador de la renta no aparecen todas las deducciones, reducciones y exenciones que puedes aplicar, ni todos los datos que Hacienda tiene sobre ti.

No importa. Nosotros seguiremos intentando reducir nuestra carga impositiva al mínimo dentro de la ley. Y si queremos ir en serio con nuestras empresas, crear empleo y aportar valor a la sociedad, aunque arriesguemos nuestro patrimonio, debemos montar una sociedad.

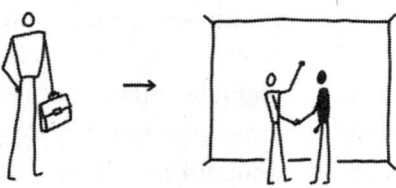

Los cinco casos principales en que yo daría el salto y constituiría una sociedad son los siguientes:

- Si es obligatorio montarla para operar en tu nicho (aseguradoras, sociedades de *leasing*, sociedades de capital riesgo...).

- Si la empresa necesita inversores. *Business angels*, fondos, bancos, administraciones, etcétera, ya que, normalmente, para conceder préstamos exigen que seas una sociedad mercantil. Además, la sociedad da una imagen más seria.
- Cuando el negocio vaya a generar deuda con bancos o proveedores (así limitas tus deudas al patrimonio empresarial y no te embargarán tus bienes personales si no pagas).
- Como autónomo, a partir de 30.000 euros de ingresos empiezas a pagar muchos impuestos en renta (IRPF), mientras que, si no te lo pasas a tu persona, como sociedad sólo pagarías el 23 por ciento o incluso menos con la nueva ley de *start-ups*.
- Si quieres tener socios, deberás montar una sociedad para poder repartir las participaciones.

Yo monté mi primer negocio principalmente por las tres últimas razones. ¡Y vaya si valió la pena! Si tienes un proyecto serio, montar una sociedad siempre compensa. El único problema es que su contabilidad es más compleja y la gestoría te saldrá más cara, pero, por lo demás, todo son ventajas. Sobre todo porque, si eres autónomo, sin sociedad respondes personalmente de todas las obligaciones y deudas que contraigas con tu actividad, y lo harás con tus bienes presentes y futuros, y no existe diferencia alguna entre tu patrimonio personal y el profesional. Esto es muy loco. La diferencia que hay sólo por montar una sociedad es abismal. Si Hacienda te multa con 28.000 euros, o debes 15.000 euros al banco, podrán embargarte el piso o una moto para pagarlos, así que muchísimo ojo. Aunque estés casado en régimen de gananciales, pueden ir contra el patrimonio de tu pareja (una buena razón para casarse con separación de bienes, defecto de abogados).

Eso, por ejemplo, no pasaría con una sociedad, en la que, si operas de buena fe y no eres ningún tipo de estafador, sólo responderás con el patrimonio de la sociedad. Aunque, como siempre, hay excepciones. Puedes responder de las deudas de la sociedad si eres el administrador y, de acuerdo con el artículo 367 de la Ley de Sociedades de Capital y a la Ley Concursal, dicho administrador tendría que haber detectado problemas financieros en los balances de la empresa.

En este caso, el administrador debe presentar el concurso de acreedores en dos meses. Si no lo hace, sí podrá responder con su patrimonio de las deudas derivadas. Por tanto, ojo con ser administrador en sociedades que no controlas o a las que no estás verdaderamente atento.

Pero ¿no respondo sólo con mi nómina, o con los ingresos de la sociedad? No. Es la típica confusión que también existe fuera del marco de los negocios. Si para concederte un préstamo —sea para ti o para tu tía— te piden que lo avales personalmente, respondes con todo tu patrimonio hasta pagarlo, tengas sociedad o no. Recalco: con todo tu patrimonio. Mucha gente cree que se puede avalar sólo con su salario, pero no es así. No existe el avalista de nómina. De nuevo: se responde con todo el patrimonio, presente y futuro, sin limitación.

Pero ¿verdaderamente ahorras impuestos creando una sociedad? Depende. Sabemos que el autónomo tributa por el IRPF, más o menos como se indica en la tabla 5.1, aunque depende de tu comunidad autónoma.

Tabla 5.1. Tramos del IRPF aplicables a los autónomos
(tipo estatal orientativo)

Hasta 12.450 €	19 %
12.451 € > 20.200 €	24 %
20.201 € > 35.200 €	30 %
35.201 € > 60.000 €	37 %
60.001 € > 300.000 €	45 %
+ 300.000 €	48 %

La sociedad como tal tributa por el impuesto de sociedades (IS). Si facturas menos de 1 millón de euros al año, el IS para el año 2026 está en el 23 por ciento, y para nuevas sociedades puede reducirse hasta el 10 por ciento. Sin embargo, lo que tú pagarás de impuestos depende de cómo te hagas llegar el dinero de la sociedad a tu persona. Insisto en esto: una cosa son los impuestos que paga tu empresa y otra los que pagas tú. Y esto, ¿de qué depende? ¿Cómo minimizas lo que pagas tú? Vamos a verlo.

¿CÓMO TE PAGAS A TI MISMO?

Empecemos por cómo puedes pagarte a ti mismo. Puedes percibir un salario normal o emitir facturas, o cobrar dividendos, o ambos a la vez.

Sólo puedes cobrar dividendos si la empresa da beneficios, y si da beneficios, la empresa debe pagar el IS. Así, pagarías por el IS (23 por ciento aproximadamente) por el beneficio que tenga y, luego, cuando cobras dividendos, el socio (tú, el autónomo) tributa por el IRPF base del ahorro (del 19 al 30 por ciento). Si sumamos ambos impuestos saldrá entre un 42 y un 51 por ciento, más o menos. Esto es lo que la mayoría de los empresarios no entienden: «Ah, sí, voy a repartirme todo en dividendos, porque sólo tributo al 19 por ciento». Mentira: pagas IS primero, y luego ese 19 por ciento (o más, si excede los 6.000 euros).

Es decir, si tu empresa da un beneficio de 1.000 euros, pagarías 230 euros de impuesto de sociedades y, de los 770 que te quedan, pagarías entre el 19 y el 30 por ciento (para cuantías inferiores a 6.000 euros pagas el 19 por ciento, que en este caso serían 142 euros).

La otra opción es que te pagues un salario mensual. En ese caso, tributas directamente por el IRPF base general (hasta el 54 por ciento en algunas comunidades, como la Comunidad Valenciana. Donde menos se paga es en Madrid, cuyo tipo máximo es el 47 por ciento).

Según en qué tramo de la base general del IRPF te encuentres, te compensará más pagarte de una forma u otra. Cuanto más sea, más te compensa pagarte en dividendos. También puedes combinar ambos y pagarte parte en salario y parte en dividendos.

Como ves, si conoces la base general de la renta, a partir de

24.000 euros de ganancia que te pagues como nómina o en facturas ya pagas el 24 por ciento de renta; es decir, más que el IS. Pero no puedes pagarte sólo en dividendos.

Si desempeñas funciones de gestión o dirección (o sea, si no eres un socio meramente capitalista en general, sino un inversor) también debes tener un salario acorde al valor de mercado de una posición similar a la tuya, y, para distribuir dividendos, la sociedad debe tener beneficios.

Hay que tener en cuenta que, si te vas a llevar todos los ingresos como beneficio personal y no los vas a dejar como patrimonio de la sociedad, finalmente acabarías tributando por IRPF, por lo que no tendría mucho sentido constituir la sociedad.

Si quieres reinvertir el dinero en la propia sociedad, no lo saques de ahí y evita así tributar por el IRPF. Esto es lo más inteligente: dejas el dinero de la sociedad para financiar gastos que te hagan tener más beneficio —un empleado *top*, mejor software, mejor equipo— y te pasas a tu persona física lo único imprescindible para vivir o invertir en otros activos, si quieres sacarle rentabilidad. Lo que no deberías hacer jamás es sacar el dinero de la sociedad, usar una parte para comprarte algo que te guste y, luego, volver a meter lo que sobre, o comprar con el dinero personal cualquier activo empresarial. Eso no tiene sentido, porque pagarás impuestos dos veces.

Cómo funciona el Impuesto de Sociedades (IS)

Todo el mundo se cree que el IS es el 25 por ciento, pero ya no es así. Ha cambiado la cuantía. Se ha reducido un poco, al 23 por ciento si la sociedad tiene un importe neto de negocios (ventas menos devoluciones y sin IVA) inferior a 1 millón de euros al año. (En Canarias puedes pagar el 4 por ciento de IS si cumples determinados requisitos; es el IS más bajo de toda la Unión Europea.)

El IS es el impuesto que pagan las empresas todos los años por sus beneficios, no por su facturación (sería el colmo, pero no descarto que lo metan algún día). Pongamos un ejemplo: un despacho de abogados factura 200.000 euros al mes (2,4 millones de euros al año). Como gastos tiene las nóminas de veinte empleados y los normales de oficina, suministros, ordenadores, software, etcétera, gastos que deben descontarse de los 200.000 euros de facturación. Pongamos que obtiene un beneficio anual de 300.000 euros. El IS del 23 por ciento se aplicaría sobre esos 300.000 euros, y no sobre los 2,4 millones (por suerte). Es decir: pagaría 69.000 euros de IS.

Una persona física que ganara el mismo dinero, pagaría un tipo medio del 40 por ciento, aproximadamente, casi el doble: 128.000 euros. No está nada mal el ahorro, ¿eh?, y sólo por vehiculizar el ingreso a través de una sociedad. Y además, proteges tu patrimonio.

El tipo reducido del IS

Ese incentivo del 23 por ciento se puede minimizar ahora con la Ley 18/2022 de creación y crecimiento de empresas, conocida como ley de *start-ups*. Se paga menos IS, pero va por tramos:

- 15 por ciento para la base imponible de 0 a 300.000 euros.
- 20 por ciento para la base imponible restante.

Este tipo sólo es aplicable en los primeros cuatro años con base imponible positiva, y, por supuesto, no sirve para todo el mundo, sino que existen algunos requisitos y limitaciones:

- La sociedad debe iniciar una nueva actividad económica.
- Sólo se aplica a las sociedades constituidas a partir del 1 de enero de 2013.
- No se permiten: sociedades parte de un grupo; actividades transmitidas por otras personas o entidades vinculadas; *ni actividades realizadas el año anterior por una persona con participación superior al 50 por ciento en la nueva entidad.*

Traduzco la última frase que pongo en cursivas, porque es la más importante: debe ser una empresa de nueva creación. Por esto entienden que, si antes eras autónomo, o lo era tu colega, y desarrollabas la misma actividad que la empresa que montas ahora, ya no se considera de reciente creación y, por tanto, no te puedes acoger a esta bonificación. Esto tiene todavía más sentido en algunas zonas de España.

LA ZEC Y OTROS LUGARES INCENTIVADOS

Pongamos que una persona hereda de su padre 300.000 euros en efectivo. Si vive en Madrid, paga unos 300 euros gracias a la bonificación del 99 por ciento en el impuesto de sucesiones. Si vive en Asturias, por el mismo dinero puede llegar a pagar más de 40.000 euros.

Hay otros impuestos gestionados por las comunidades autónomas que pueden variar de una a otra. En el momento de escribir este libro (diciembre de 2025), son los siguientes:

- Tramo autonómico del IRPF.
- Impuesto de Sucesiones y Donaciones.
- Impuesto sobre el Patrimonio.
- Impuesto sobre Transmisiones Patrimoniales y Actos Jurídicos Documentados.
- Algunas tasas medioambientales e impuestos muy específicos, como sobre el tabaco.

Por ello, existe margen fiscal para quienes no quieren irse a otro país para pagar menos impuestos, pero que sí valorarían mudarse a otra comunidad autónoma. En ese caso, las reglas de residencia fiscal son casi idénticas a las de trasladarte a otro país. Principalmente deberás permanecer en dicha comunidad más de 183 días en el año natural, para lo cual deberás probar que tu residencia permanente está en ella (y, por supuesto, empadronarte ahí). Si a Hacienda le conviene hacerlo, usará sistemas de geolocalización y cruce de datos para discutirlo.

La Zona Especial Canaria (ZEC) es el mayor oasis fiscal en el territorio español y uno de los más potentes de Europa. Creada en el año 2000 y aprobada por la Unión Europea dentro del Régimen Económico y Fiscal de Canarias (REF), busca atraer inversión y diversificar la economía del archipiélago. No es un truco ni un régimen «opaco»: es plenamente legal, supervisado por la Unión Europea y con total seguridad jurídica.

Su atractivo principal es que en el impuesto sobre sociedades las empresas inscritas tributan al 4 por ciento, frente al 25 por ciento general. Es increíble. En la tabla 5.2 puedes ver un ejemplo con una empresa canaria.

Tabla 5.2. Impuesto de sociedades: régimen general vs. ZEC

CONCEPTO	ESPAÑA EN GENERAL (25 %)	ZEC (4 %)
Beneficio bruto anual	200.000 €	200.000 €
Pago de IS	50.000 €	8.000 €
Beneficio neto anual	150.000 €	192.000 €

A esto se suman exenciones en impuestos indirectos y locales (ITP-AJD o IGIC) que reducen la carga fiscal total a mínimos casi inexistentes. A los bajos impuestos se le suma la seguridad jurídica, la pertenencia a la Unión Europea y su amplia compatibilidad con otros incentivos, lo que para ciertas estructuras la hace más potente y estable que Gibraltar, Irlanda o Luxemburgo.

¿Quién puede acogerse al régimen ZEC?

Este régimen está diseñado para empresarios que generen actividad real y empleo en Canarias, no para autónomos individuales o microempresas sin estructura. Sólo pueden hacerlo sociedades de nueva creación, sucursales o empresas ya existentes que amplíen o diversifiquen su actividad de forma sustancial en las islas.

Las personas físicas (autónomos) no pueden ser ZEC directamente; deben constituir una sociedad. Es un régimen especialmente atractivo en sectores como el inmobiliario, tecnológico, audiovisual, logístico o de servicios internacionales.

Los requisitos clave son:

1. **Constituir una sociedad o sucursal** con domicilio social y sede de dirección efectiva en Canarias.
2. **Inversión mínima** de 100.000 euros en Gran Canaria o Tenerife y de 50.000 euros en las demás islas, realizada en los dos primeros años.
3. **Creación de empleo:** al menos cinco trabajadores en Gran Canaria o Tenerife y tres en las demás islas, contratados en los seis primeros meses.
4. **Actividad económica real:** las operaciones acogidas al 4 por ciento deben realizarse material y efectivamente en Canarias.
5. **Residencia de al menos un administrador** en las islas.

Con esto último podemos jugar: no es necesario residir en las islas para ser socio de una empresa ZEC. Puedes tener participaciones desde cualquier parte de España o del extranjero; recibir dividendos (a menudo sin retención, si vives fuera); y beneficiarte de que la empresa tribute al 4 por ciento. Esto abre la puerta a estructuras mixtas donde parte del grupo o de la actividad se ubica en Canarias para optimizar la tributación global.

Sin embargo, cumplir estos requisitos no es un mero trámite: la Administración exige sustancia real, con empleados, oficina y contabilidad separada. Y te lo van a mirar con lupa (no como a las cuentas del PP o del PSOE). Tengo numerosos clientes que montaron su sociedad ZEC de forma imperfecta y, pasados tres o cuatro años, justo antes del límite para que el primer año prescriba y Hacienda te revise, les abrieron una inspección y les tiraron todo abajo. No le pasó sólo a uno, fue a prácticamente todos los que lo hicieron, que no vivían en Canarias.

Si se incumplen las condiciones (por ejemplo, baja de personal, inactividad o simulación), la empresa pierde el régimen, debe devolver los beneficios fiscales con intereses y puede ser sancionada. Si prevés dificultades para cumplir, conviene comunicarlo al Consorcio ZEC: suelen permitir adaptaciones o prórrogas medianamente razonables, pero jamás perdonan los incumplimientos detectados en inspección.

Principales ventajas fiscales de la ZEC

Además del tipo reducido del 4 por ciento en el impuesto de sociedades, el régimen ZEC tiene otras ventajas.

Exención de retenciones

Los dividendos, intereses o cánones pagados a socios o entidades no residentes pueden estar exentos de retención. Esto permite repartir dividendos limpios a socios extranjeros, lo que resulta ideal para estructuras internacionales (por ejemplo, un socio NHR portugués que no tributa por dividendos extranjeros).

Exención o tipos reducidos del IGIC (impuesto general indirecto canario)

En Canarias no se aplica el IVA del 21 por ciento, sino el IGIC del 7 por ciento, con tipos aún más bajos o exenciones para bienes básicos, importaciones o transacciones entre entidades ZEC. Esto beneficia tanto a empresas locales como a negocios online que venden a consumidores finales (infoproductores, formación, comercio electrónico), al reducir drásticamente el impuesto repercutido en sus ventas.

Exención del Impuesto sobre Transmisiones Patrimoniales y Actos Jurídicos Documentados (ITP-AJD)

No se pagan impuestos en la constitución, ampliaciones de capital o adquisición de bienes para la actividad.

Compatibilidad con otros incentivos canarios

Se puede combinar con la reserva para inversiones en Canarias (RIC) o la deducción por inversiones (DIC), que reducen aún más la carga fiscal a cambio de reinvertir beneficios en las islas.

Bonificaciones locales

Algunos ayuntamientos ofrecen reducciones en el IAE, ICIO o IBI, lo que refuerza el ahorro global.

¿Para quién es la ZEC?

La ZEC es el régimen fiscal más ventajoso y sólido de España, y una herramienta ideal para empresarios y empresas con visión de crecimiento, especialmente en sectores tecnológicos, logísticos o de servicios internacionales, pero exige actividad real, empleo e inversión.

Vivir o establecer tu negocio en Canarias sin acogerte al régimen ZEC ya supone pagar mucho menos IVA (IGIC), lo que también puede marcar una gran diferencia si vendes al consumidor final. Sin embargo, esto les interesa, sobre todo, a empresarios con negocios consolidados o escalables que puedan instalar estructura real en las islas. Los perfiles típicos son: *start-ups* tecnológicas, consultoras internacionales, productoras audiovisuales, empresas logísticas o holdings con filiales operativas en Canarias.

No compensa para empleados ni para microempresas sin

crecimiento previsto ni para quienes buscan una simple ventaja fiscal sin presencia física. Montar una ZEC implica costes (inversión, personal, asesoría, contabilidad separada), por lo que sólo tiene sentido con beneficios elevados.

El listado de actividades permitidas aparece en la Ley 19/1994, e incluye industria, manufactura, comercio mayorista, transporte, telecomunicaciones, I+D, consultoría, audiovisual, energías renovables o biotecnología.

Quedan excluidos servicios financieros, seguros o comercio minorista, aunque muchas actividades «grises» pueden adaptarse si están orientadas al exterior. Por ejemplo, una firma de abogados o arquitectos podría acogerse si actúa como consultoría internacional desde Canarias. El Consorcio ZEC analiza caso por caso y suele mostrarse flexible si el proyecto aporta empleo y proyección exterior.

Alternativas a la ZEC

Canarias es sin ninguna duda, el mejor lugar de España para montar un negocio grande, al menos desde el punto de vista de la fiscalidad. Ningún otro lugar tiene este régimen en España. Sin embargo, hay otras alternativas, como **Ceuta y Melilla**, donde el IS es del 12,5 por ciento, pero con menos flexibilidad. No se trata de un tipo reducido automático, sino de una bonificación condicionada a que la actividad económica se realice efectivamente allí y a que las rentas puedan atribuirse a Ceuta y Melilla. La clave jurídica está en el concepto de «renta obtenida»: debe existir un lugar fijo de negocios y una organización real de medios materiales y humanos que permita defender que el ciclo económico de la actividad se cierra en estos territorios. Por otra parte, están fuera del territorio IVA, y allí se aplica el Impuesto sobre la Producción, los Servicios y la Importación (IPSI), que tiene sus propias reglas.

Otra ciudad de la que habla mucho es **Gibraltar**, ya que aplica un IS con un tipo general del 15 por ciento desde 2024, basado en un sistema de imposición territorial: sólo se gravan los beneficios generados en o desde Gibraltar. Uno de sus grandes atractivos es que allí no ha existido tradicionalmente el IVA, aunque el marco fiscal está condicionado por el contexto pos-Brexit y por las negociaciones con la UE, lo que introduce incertidumbre regulatoria a medio plazo.

Por último, tenemos las **zonas despobladas**. Algunas regiones de España con baja densidad de población (menos de 12,5 habitantes por kilómetro cuadrado), concentradas en el interior peninsular, ofrecen deducciones fiscales y ayudas para la implantación de empresas. Entre ellas están Soria, Teruel, Cuenca, Zamora, León, Guadalajara, Ávila, Segovia, Burgos, La Rioja y parte de Aragón y Castilla-La Mancha. La ley dice que los contribuyentes con residencia habitual en municipios incluidos en zonas de extrema despoblación podrán deducir el 25 por ciento de la cuota íntegra autonómica si el municipio tiene una población inferior a 2.000 habitantes.

CUÁNDO NO MONTAR UNA SOCIEDAD

Hemos visto cuando sí te conviene montar tu empresa, y probablemente muchos lo estén deseando, pero no es algo para todos, como es lógico. Es necesario analizar muy bien desde el punto de vista fiscal por qué y en qué casos se constituyen las sociedades.

Para empezar, un trabajador por cuenta ajena no puede montar una sociedad para vehiculizar lo que le pague su empresa, por mucho que gane. Sí podría montarla para canalizar sus inversiones, en inmuebles por ejemplo, pero no para sus rendimientos de trabajo, salvo que monte un negocio aparte de su trabajo asalariado.

Con respecto a los autónomos, voy a desmentir lo que el 80 por ciento de los emprendedores creen que pueden hacer y por eso la lían, y luego tienen que pagar todo lo no tributado más un recargo gordo. La lista de famosos que han sido inspeccionados por vehiculizar sus actividades a través de empresas también daría para escribir un libro: Shakira, el Rubius, Iniesta, CR7...

Pocos fueron los que se enfrentaron a Hacienda, porque hacerlo no sólo exige convicción, ni que tengas razón, sino también una enorme capacidad económica y emocional, por el desgaste que supone. Cuando un contribuyente discrepa con una sanción, el procedimiento no es tan simple como «recurrir y esperar». Hacienda actúa como juez y parte: el mismo organismo que te investiga y liquida es el que decide en primera instancia si tiene o no razón.

Si el contribuyente no está de acuerdo, debe presentar una reclamación económico-administrativa ante el Tribunal Económico-Administrativo Central (TEAC) o el regional (TEAR). Aunque se presentan como órganos independientes, en la práctica dependen orgánicamente del Ministerio de Hacienda y, aun así, cuando resuelven, casi la mitad de las veces dan la razón a los contribuyentes: aproximadamente en el 48 por ciento de los casos. Es decir, que Hacienda pierde la mitad de las veces, según la propia *Memoria Anual de Hacienda*.

Además, para poder continuar defendiendo su postura, el contribuyente debe ingresar o garantizar previamente la cantidad que Hacienda reclama, lo que en la práctica supone dejar depositada una fianza o aval bancario equivalente a la deuda discutida. Esto significa que, aunque uno crea tener razón, el dinero debe adelantarse. Si años después el Tribunal le da la razón, el Estado devuelve la cantidad con intereses, pero durante todo ese tiempo el dinero estuvo retenido. Esto ya es suficiente para desanimar a la mayoría, en especial si la suma es elevada o si se trata de autónomos o profesionales con liquidez limitada.

El recorrido judicial posterior tampoco es rápido. Una vez agotada la vía administrativa, hay que acudir a la Audiencia Nacional o al Tribunal Superior de Justicia, según el caso, y después incluso al Tribunal Supremo si se busca unificar doctrina. Ese proceso puede durar entre cinco y diez años, y los costes en abogados, procuradores y peritajes se suman a la tensión de tener una deuda viva con la Administración.

Por eso, antes que entrar en batalla, la gran mayoría de los contribuyentes —incluidos artistas, futbolistas y empresarios famosos— acaban aceptando el criterio de Hacienda o pactando un pago con recargos. Saben que la Administración tiene la ventaja de la presunción de veracidad de sus actos y de la presión económica de las garantías previas.

Hacienda no sólo es juez y parte en la primera fase, sino que además tiene el poder de cobrarte antes de que un tribunal independiente se pronuncie. Y cuando el sistema funciona así, enfrentarse a él deja de ser una cuestión de justicia y se convierte en una cuestión de fuerza.

Además de su sueldo base y los complementos propios de su puesto, los inspectores de Hacienda tienen una retribución variable ligada al cumplimiento de objetivos. Esta parte del salario se conoce como «productividad» o «incentivo por rendimiento», y depende de los resultados recaudatorios obtenidos por la Agencia Tributaria en su conjunto y, en menor medida, por el área o equipo en el que trabaje cada funcionario. En la práctica, esto significa que, si Hacienda recauda más por sanciones, inspecciones o actuaciones de control, los inspectores reciben un bonus anual adicional que puede superar las decenas de miles de euros.

Pero ¿cuánto es exactamente? No conozco a nadie que lo sepa con certeza. Es muy difícil conocer la cantidad real, porque respecto a esto existe muchísima opacidad por parte de los propios inspectores y el ministerio, ya que el bonus se calcula a partir de una fórmula compleja que tiene en cuenta numerosos factores, entre los cuales está la cantidad de expedientes abiertos y su dificultad.

Esta estructura de incentivos ha sido objeto de críticas durante años, porque introduce un claro conflicto de intereses: el organismo que impone las sanciones y liquida los impuestos es el mismo que remunera a sus inspectores en función de lo que consigan recaudar. En teoría, el bonus no depende directamente de cada expediente individual, pero en la práctica se mide por resultados globales, lo que genera una presión implícita para aumentar las liquidaciones.

Pese a todos estos incentivos perversos, algunas personas, como Xabi Alonso, consiguieron ganar a Hacienda, tras casi diez años de batalla contra ella. El caso comenzó en 2013, cuando la

Agencia Tributaria lo acusó de haber utilizado una sociedad radicada en Madeira (Portugal) para ceder sus derechos de imagen y pagar menos impuestos entre 2010 y 2012, cuando jugaba en el Real Madrid. A diferencia de otros futbolistas, Alonso se negó a pactar y decidió defender su inocencia hasta el final. En 2019 fue absuelto por la Audiencia Provincial de Madrid, pero Hacienda recurrió y el proceso siguió varios años más, con nuevas revisiones y recursos. Finalmente, en 2023, el Tribunal Supremo confirmó la absolución y cerró el caso de forma definitiva. En total, tardó unos diez años desde el inicio de la acusación hasta la sentencia firme que le dio la razón, y se convirtió en uno de los pocos deportistas que ganó a Hacienda sin pactar ni pagar.

En una gran parte de los casos, las personas constituyen sociedades para limitar sus responsabilidades personales, pero también con el objetivo de «ahorrarse impuestos». Y lo pongo entre comillas porque esto no siempre sale bien.

No puedes montar una sociedad en España sin un motivo válido

Hemos visto que, sin motivos válidos, no puedes llevarte tu empresa al extranjero, pero tampoco montar tu sociedad en España. No puedes montarla porque sí, o simplemente para ahorrar impuestos o limitar tu responsabilidad frente a terceros.

En una sentencia con fecha del 22 de noviembre de 2022, el Tribunal Superior de Justicia de Madrid (TSJM) explica que el Rubius utilizó su empresa denominada El Rubius OMG, actualmente llamada Snofokk, para tributar a Hacienda, pero para hacerlo a través del impuesto de sociedades, que tiene tipos más bajos que el IRPF.

El *streamer* era socio mayoritario (98,7 por ciento) y administrador de dicha sociedad; los «servicios prestados por el Rubius a la sociedad vinculada eran los mismos que ésta prestaba a terceros»; la empresa no tenía «ni trabajadores ni colaboradores» a cargo; y su inmovilizado sólo constaba de «equipos informáticos, videocámara, auriculares, motocicleta y derechos de propiedad intelectual», que consisten en el conjunto de vídeos que difunde el Rubius.

He de añadir que no hizo esto con todo el dinero recibido por su empresa, sino que se pasó una gran parte a su persona pagando muchos impuestos por ello. Aun así, Hacienda se lo tiró abajo porque dijo que tendría que haber sido aún más y le hizo pagar la diferencia.

Es decir, el problema surge cuando la sociedad se crea con el único objetivo de intentar tributar menos, meterse más gastos, etcétera. Si hemos constituido una sociedad vacía de contenido —no tenemos unas oficinas o un local, ni empleados ni socios, ni en definitiva existe una estructura que justifique el haber creado la sociedad—, se corre un elevado riesgo de sufrir una inspección de Hacienda.

En esos casos, lo que hará Hacienda será imputar al IRPF del socio todos los ingresos y gastos de la sociedad, determinando cuáles son o no deducibles, y le hará tributar por ello, más la correspondiente sanción, que puede ser de hasta el 100 por ciento de lo dejado de tributar en el IRPF. Fuera de estos casos, montar una sociedad es buena idea si en el IRPF estás en el tramo superior al 23 por ciento de impuestos, porque ya podrás jugar bastante para optimizar lo que pagas.

Ahora que ya sabes cuándo montar —o no— una sociedad, pasemos al «modo experto»: las sociedades holding.

6

Las sociedades holding

Oímos constantemente decir que los millonarios tienen una «patrimonial» o un holding. A veces parece que hablan de lo mismo, pero no lo son. Las sociedades patrimoniales son entidades creadas con el principal objetivo de conservar y administrar un patrimonio y, a diferencia de las sociedades holding operativas, más de la mitad de su activo no está afecto a una actividad económica. De hecho, las patrimoniales también se conocen como «holdings no operativos», básicamente porque sólo sirven para administrar un patrimonio, por ejemplo, inmuebles.

Por lo general, las patrimoniales dan menos ventajas fiscales que los holdings, y por eso no entraremos en ellas, pero la estrategia más habitual de los ricos que tienen una patrimonial con inmuebles es contratar a una persona a jornada completa para que gestione los alquileres de los diversos pisos, ya que, de ese modo, transforman su empresa en operativa y acceden así a ventajas importantes, que veremos en el apartado inmobiliario.

La sociedad holding es una empresa que actúa como matriz de un grupo de sociedades y que tiene la propiedad de algunas o todas las participaciones de las sociedades filiales. Es decir, su función principal será dirigir y gestionar las participaciones que posee de las filiales: es una empresa que controla tus otras empresas.

Imaginemos a un señor que se llama Andrés y tiene tres empresas: un despacho de abogados, otro de asesoramiento fiscal y una inmobiliaria. A Andrés no le encanta pagar impuestos y, además, le gusta tener todo bien ordenadito. Lo que haría, entonces, es montar una empresa por encima de las tres, que se llame Lawtips Holding y controle a las tres de abajo.

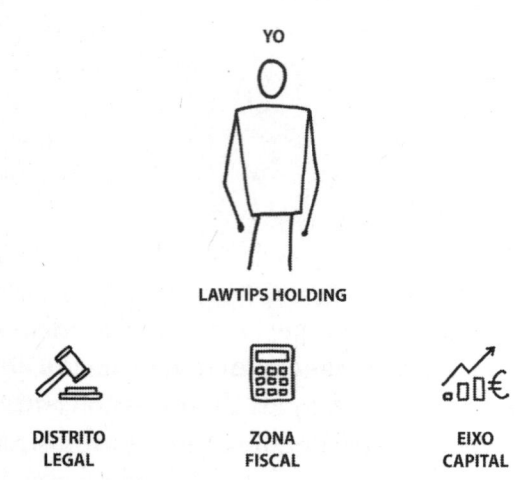

El truco aquí es que siempre y cuando se queden en el grupo, tienes una exención enorme en el reparto de dividendos. ¿Y por qué te interesa esto? Porque tú no te gastas todo lo que genera tu empresa. Como expliqué antes, cuando montas una empresa te interesa reinvertir el beneficio dentro de ella y sacar para tu persona física sólo lo imprescindible para tus gastos del día a día, inversiones o lujos.

Cuando eres autónomo, todo lo que ganas son ingresos, a los que restarás los pocos gastos deducibles que tengas: cuota de autónomos, ordenador y, en general, poco más, salvo que tengas un negocio físico. Sobre ese beneficio pagas impuestos del 19 al 54 por ciento, fin.

Esto es problemático, porque quizá ganaste 100.000 euros pero sólo necesitas 30.000 para vivir, y preferirías reinvertir los 70.000 restantes en un inmueble o en otro negocio, o incluso en tu mismo negocio, pero a futuro. Por eso, entre otras cosas, compensa montar una empresa: porque si tu beneficio fueran 70.000 euros, pagas el 23 por ciento de impuesto de sociedades y listo, y si quieres reinvertirlos a futuro en tu mismo negocio, puedes hacerlo. Eso sí, si los quieres pasar a otro negocio tuyo diferente, tendrías que repartirte un dividendo, por lo que volverías a tributar entre un 19 y un 30 por ciento (además del 23 por ciento que ya pagaste del impuesto de sociedades).

Pero es todavía mejor si montas un holding, porque la jugada va un paso más allá. Tributas por el beneficio al 23 por ciento en el impuesto de sociedades (tipo general), pero la diferencia con tener varias sociedades separadas es que puedes organizar un grupo de empresas en el que los beneficios fluyan entre ellas con exenciones fiscales muy potentes.

Así, si por ejemplo tienes un beneficio de 100.000 euros en tu despacho de abogados, puedes repartírtelos sin casi pagar impuestos para tu sociedad de inversión inmobiliaria y comprarte un piso. En cambio, si fueras autónomo, de esos 100.000 euros de beneficio se te irían unos 40.000 euros en impuestos y, como ves, para comprarte el mismo piso de 95.000 euros necesitarías ganar casi el doble.

Vamos a verlo con unos números sencillos Pongamos que tienes una empresa filial que gana 100.000 euros. Si eres autónomo, tributas hasta el 54 por ciento (pongamos 45.000 euros en impuestos). Si es una sociedad independiente, tributas al 23 por ciento (23.000 euros), te quedan 77.000 euros y luego tienes que repartirte un dividendo que tributará otra vez entre el 19 y el 30 por ciento. En cambio, si esa sociedad pertenece a un holding y distribuye dividendos hacia arriba, esos 100.000 euros pasan casi íntegros al holding. Sólo pagas un 1,25 por ciento de impuestos; o sea, 1.250 euros.

En resumen: siendo autónomo, tributas caro y sin margen de maniobra. Con una sociedad, mejoras: pagas el 23 por ciento y ya tienes un escudo. El holding es el siguiente nivel, donde optimizas el flujo de beneficios dentro del grupo, proteges tu patrimonio y ganas una herramienta brutal de reinversión y planificación fiscal.

Es la leche, porque puedes acumular capital en el holding sin penalización extra y utilizarlo de forma estratégica para comprar inmuebles sin tener que sacar el dinero a tu nombre ni reinvertir en otras empresas. Los holdings valen para eso, para reinvertir ingresos y hacer crecer el capital, pero no para comprarte un Porsche 911. El holding, además, centraliza la gestión administrativa —contabilidad, control financiero y recursos humanos— y evitas reproducir esta estructura en cada filial, o tenerla desordenada.

Gracias a esta estructura, si tengo excedentes de liquidez en Zona Fiscal —he ganado mucho dinero y no tengo en qué gastarlo—, puedo traspasarlo a otras de mis empresas que sí lo necesiten. Esto acaba siendo más sencillo que ir haciendo traspasos desordenados entre empresas hermanas.

¿Cuándo debes pensar en montar un holding?

¿Puede una tienda de barrio montar un holding? ¿Y alguien con un negocio sencillo? ¿Le compensa? Sí, si tiene más de una tienda o tiene previsto hacer crecer su marca para expandirse y montar varias filiales.

Suena a la típica cosa para grandes patrimonios, pero no tiene por qué serlo. Simplemente con que tengas varias empresas o sea factible que en un futuro quieras vender una de ellas, ya te lo puedes empezar a plantear.

Tiene sentido montar un holding si vas a tener más de una empresa o es posible que en un futuro vendas la que tienes, porque en ambos escenarios pagarás menos impuestos. Por ejemplo, si ahora mismo un panadero quisiera retirar el dinero de su empresa para invertir en un nuevo establecimiento, a través de una sociedad limitada diferente para separar responsabilidades, ¿qué pasará? Pues que nuestro amigo tendrá que llevarse primero los dividendos, tributar en su IRPF (a un tipo medio del 19-28 por ciento) para después volver a invertirlos en el otro negocio. Es decir, si iba a invertir 100 euros, pierde por el camino entre 19 y 28 euros, según la cantidad real.

Si la normativa fiscal ofrece mecanismos para incentivar que el empresario reinvierta en actividad económica, pagar todo esto no tiene sentido, ¿no? Entonces, ¿cuál sería la diferencia, si en medio el panadero hubiera constituido un holding? Si lo hubiera planificado correctamente, los dividendos llegarían al holding, y no a la persona física, con un coste fiscal de entre 0 y el 1,25 por ciento porque se le aplicaría una hermosa bonificación al tipo efectivo que comentamos antes.

Y ¿qué pasa si el panadero se pasa el juego y vende su empresa? Siguiendo la misma lógica, si no tiene un holding, tributará el 19-28 por ciento de ese beneficio, en lugar del 0-1,25 por ciento. Sí: cuando vendes tu empresa pagas entre el 19 y el 28 por ciento de impuestos, porque lo que vendes son las participaciones, por lo que es como si vendieras acciones, y va a la base del ahorro.

Nunca pagas el 50 por ciento de impuestos (como sí pasa si lo ganas trabajando, base general) como he escuchado en YouTube a muchos «expertos». Por eso la mayoría de los emprendedores españoles de éxito tienen un holding, porque si vendieran su empresa por 10 millones de euros, pagarían unos 2,5 millones de euros en impuestos. En cambio, si lo hacen con un holding, podrían ser menos de 100.000 euros, con un ahorro de nada menos que 2,4 millones de euros. (Si vendes tu empresa y gracias a este consejo te ahorras 2 millones de euros, creo que el precio pagado por este libro te habrá merecido la pena.)

Una última cosa muy importante: siempre debes montar el holding como mínimo dos años antes de vender esas participaciones.

VENTAJAS DEL HOLDING

En este último apartado, vamos a resumir las ventajas más claras de constituir un holding:

- **Protección del patrimonio.** Al separar los activos de las distintas actividades, aíslas los riesgos económicos y jurídicos. Por ejemplo, si te plantearas invertir en inmuebles, valoraríamos adquirirlos desde una nueva entidad para que la posible mala marcha del negocio no le afectara. De este modo, estás diversificando riesgos. Este consejo es *top* para que tu dinero perdure en el largo plazo.

- **Acceso a financiación y captación de inversores.** Un holding puede resultar más atractivo para inversores externos y fondos de inversión, y además puede facilitar el acceso a financiación bancaria.
- **Facilita la transmisión de empresas.** Puedes vender un negocio concreto dentro del grupo sin afectar al resto.
- **Distribución del beneficio (dividendos) de las filiales a la matriz.** El holding permite la aplicación de una bonificación muy interesante del 95 por ciento (a veces del 100 por ciento).[2] Además, puedes valerte de la consolidación fiscal, que ofrece grandes beneficios a los grupos de empresas, ya que permite compensar pérdidas de una filial con los beneficios de otra. Esto reduce la base imponible conjunta del grupo y simplifica sus obligaciones fiscales (puedes presentar un solo IS por todo el grupo). Más abajo te pongo un ejemplo práctico para aprovechar esta ventaja.
- **Puedes vender tu empresa sin pagar casi impuestos.** Recordemos el ejemplo del panadero y la diferencia entre pagar 100.000 euros de impuestos y 2,5 millones de euros.

¿Cómo puedes aprovechar la consolidación fiscal? Imagina que tienes una empresa matriz o holding que posee el 100 por ciento de acciones de dos filiales: una que ofrece servicios de consultoría a empresas y otra de asesoramiento fiscal. La consultoría

2. El artículo 21 de la Ley de Impuestos de Sociedades establece una exención del 95 por ciento del IS sobre los dividendos y ganancias de capital obtenidas por la venta de participaciones, siempre que se cumplan ciertas condiciones: participación mínima del 5 por ciento en la sociedad filial o que el coste de adquisición de la participación sea igual o superior a 20 millones de euros; periodo de tenencia mínimo de un año de la participación antes de la distribución de dividendos o la transmisión de la misma; no residencia en un paraíso fiscal, salvo que se demuestre que la sociedad participada realiza una actividad económica efectiva.

obtiene un beneficio de 200.000 euros —¡buen palo de impuestos le meterán!—, mientras que el despacho de asesoramiento fiscal ha tenido muy pocos clientes en el último año y ha invertido mucho en equipo y oficinas, con lo que pierde 75.000 euros. Gracias a la consolidación fiscal, el grupo puede compensar las pérdidas de una con los beneficios de la otra: 200.000 − 75.000 = 100.000 euros. Así, la base imponible final del grupo serían 125.000 euros, por los que pagará muchos menos impuestos que si tuviera que tributar sobre los 200.000 euros enteritos.

TERCERA PARTE

VIVIENDA

7

Compraventa de vivienda

Estoy apuntado a un grupo de entrenamiento personal. Entrenamos tres a la vez con un entrenador que nos supervisa y nos va poniendo retos. Gracias a eso he conocido a muchísima gente interesante, casi todos deportistas y con algún negocio del que puedo aprender. Por eso siempre me han gustado este tipo de sitios, más allá de que amo el deporte: surf, tenis, bici... Todo lo que sea moverme me renta.

Un día, estábamos haciendo dominadas alternándonos, y en el descanso me preguntó si vivía cerca.

—Sí, aquí al lado. ¿Y tú?

Me contó que acababa de mudarse allí porque hacía años había comprado sobre plano y ya se había terminado de construir.

—Es la leche invertir sobre plano, ¿verdad?

—Sí. Tiene riesgo si la promotora quiebra, pero por lo demás compras un activo que tendencialmente en el largo plazo siempre se ha revalorizado frente a la moneda, y lo compras con un gran descuento. Encima no pagas todo de golpe, sino que con el primer movimiento de tierra sólo pagué un 10 por ciento y en la siguiente fase el siguiente 10 por ciento, y así en cada fase. De tal manera que, en caso de quiebra, nunca perderás todo lo que cuesta el activo; además, cuanto más avance el proyecto, menor riesgo.

—¿Cuánto ganaste con ésta?

—Hice un por dos del dinero invertido en tres años.

—Joder..., eso es casi un 30 por ciento TAE anual.

—Sí.

—A mí me han ido genial mis negocios estos últimos años. Voy a comprar un pisito de 200.000 euros aquí al lado, ya construido. Tengo el dinero, así que lo pagaré de golpe.

Se bajó de la barra y me miró muy fijamente...

—Nunca hagas eso, y menos con lo joven que eres.

—¿Por qué? No quiero tener deudas. Soy un tío responsable, je, je.

—No. Lo que no quieres es tener deudas *malas*.

Con las manos dibujó dos bloques en el aire, y empezó a explicar la diferencia entre ambas deudas.

DEUDA BUENA VS. DEUDA MALA

La deuda buena se usa para comprar activos que generan ingresos. La propia inversión produce flujo de caja suficiente para pagar la deuda y, además, dejar beneficio. Es la deuda que «trabaja para ti».

- Hipoteca de un inmueble que se alquila y paga la cuota.
- Préstamo para montar un negocio rentable.
- Crédito para comprar maquinaria que aumenta la producción.

La deuda mala se usa para consumir o comprar pasivos que no generan ingresos y pierden valor, como financiar unas vacaciones o una compra de ropa con tarjeta de crédito. Esta deuda «trabaja contra ti».

En general, a la deuda buena la llamamos apalancamiento: usar el dinero de otras personas —casi siempre del banco— para adquirir activos que generarán ingresos. Esta palanca te permite multiplicar tu potencia, es decir, tu dinero.

No pones todo tu dinero para una compra que, en condiciones normales, sí te costaría todo tu dinero, como es una casa de 200.000 euros, y así con lo que te sobre puedes invertir en otras casas o activos o esperar e invertir en otras oportunidades.

Además tiene una triple ventaja, ya que accedes antes a un activo que no para de subir de precio y tardas mucho menos en tener el dinero necesario para conseguirlo, porque encima no pagas impuestos sobre el préstamo que te hace el banco. Aún mejor, ¡puedes deducirte los intereses de la hipoteca si alquilas la casa!

Antes de entrar en profundidad en el tema, recuerda que, como todas las inversiones en España, por todo lo obtenido al vender nuestros inmuebles, los ingresos irán a la base del ahorro, menos lo que ganemos con alquileres, que va a la base general y, por tanto tributa, en tramos más elevados y se suma a lo que ganemos trabajando (véase la tabla 2.3 del segundo capítulo). Sin embargo, hay una forma de pagar la mitad de impuestos, que veremos en el apartado de alquileres.

En el siguiente apartado trataremos la que suele ser la decisión más importante en la vida de una persona: la compra de casa.

SOBRE LA ÉTICA DEL DERECHO DE INVERTIR EN VIVIENDA

Soy de La Coruña, pero estudié la carrera en Vigo. Me fui de casa con dieciocho años a una residencia de estudiantes —la mejor decisión de mi vida, me hizo espabilar infinito— y al año siguiente me mudé a un piso con dos amigos. En aquella época, hace diez años, un alquiler en el centro de Vigo costaba 500 euros. Era un piso muy antiguo, pero con tres habitaciones y dos baños. Ahora debe de costar el doble o el triple.

Por eso me di cuenta enseguida de que una gran decisión es invertir en inmobiliario. Y, sinceramente, es bastante difícil que salga mal si tienes la suficiente paciencia y algo de ojo. Creo que es una decisión que, pese a los precios actuales, sigue teniendo sentido en casi todos los casos.

Hay gente que considera que no es ético invertir en activos inmobiliarios porque el acceso a la vivienda es un derecho fundamental protegido por la Constitución española. En realidad, no lo es. Desde el punto de vista jurídico es un principio rector, algo que el Estado debe procurar, pero no garantizar.

Todo derecho subjetivo requiere un obligado concreto y una prestación exigible. El derecho a la vivienda, tal como está configurado en la Constitución, no genera una obligación directa de proporcionar vivienda a cada ciudadano por parte del aparato del Estado, y mucho menos por parte de los propios ciudadanos, que no tienen ninguna culpa de las políticas que dificultan el desalojo de okupas o de inquilinos morosos cuando se trata de viviendas de particulares. En las de los políticos, que se queden si quieren.

Independientemente de esto, el número de personas que consideran que no debería comprarse vivienda como inversión no para de aumentar en España. Ésta es una opinión ideológica que me cuesta seguir, ya que, en el mismo sentido, tampoco debería poderse invertir en empresas de alimentación, de suministro de energía y agua, textiles, de educación..., y así podríamos seguir durante horas. En realidad, la vivienda sólo es escasa en las ciudades más importantes, ya que la mayoría de los servicios públicos y de oportunidades laborales se concentran en ellas. La única forma de determinar quién puede acceder a esos pisos mejor ubicados es bajo la ley de la oferta y la demanda y permitiendo que sea el poder de compra quien lo decida, igual que decide la mayor parte de las cosas en nuestra vida. Esto será duro para algunos lectores, pero es la realidad.

Como mínimo, si quiere darse la posibilidad de acceder a vivienda a gente con menor poder adquisitivo, lo que podría hacerse es eliminar la salvajada de impuestos que existen para la compra de vivienda. Podrían eliminarlos, por lo menos, para la compra de primera vivienda, de modo que saldría alrededor del 13 por ciento más barata, lo que suponen decenas de miles de euros.

También podrían dar más incentivos fiscales a vivir de alquiler o comprar casa con hipoteca. Hoy en día sólo puedes hacer esto a nivel estatal si el inmueble lo compras para alquilarlo, con una de las mayores reducciones de España, pero no si es para vivir tú en él. Por tanto, pese a que poco a poco se está desincentivando la inversión inmobiliaria con la inseguridad jurídica actual, lo cierto es que sigue más incentivada que la compra de casa para vivir uno mismo.

Que haya viviendas vacías no significa que haya viviendas disponibles donde existe demanda, y la idea de que los fondos de inversión mantienen pisos vacíos para tensionar los precios no se sostiene económicamente. Los fondos ganan dinero alquilando pisos, no dejando viviendas cerradas, y lo que quieren los fondos, más que nadie, es ganar pasta. El problema no es que falten pisos en general, sino que la regulación y la inseguridad desincentivan que la oferta llegue justo donde se necesita. Además, siendo objetivos, los centros de las grandes ciudades no son infinitos y no cabe todo el mundo en ellos.

Si no quieres invertir en vivienda, te recomiendo que lo hagas en otros activos —oro, bolsa, etcétera—, pero que inviertas. Ocurre que, en España, la mayoría sólo conoce el ladrillo como forma de inversión, y, si descarta esta posibilidad, el fruto de su esfuerzo, de su trabajo, el dinero en que recibimos nuestro salario y sobre el que estamos obligados a pagar impuestos, no va a parar de perder poder adquisitivo. Por tanto, si no piensas invertir en inmuebles, espabila y aprende a invertir en otras cosas que encajen más contigo, porque es imprescindible.

CÓMO SE COMPRA UNA CASA

A menudo se dice que comprar vivienda ya no compensa, y que en la década de 1980 era fácil porque costaba menos. Las hipotecas tenían entonces tipos del 17 por ciento para devolver en seis años. Hoy se pueden financiar a treinta y cinco años con tipos fijos del 2 por ciento (inferior a la inflación). Eso sí, antes la gente ganaba más dinero en relación con el coste de la vida.

El caso del alquiler es mucho más turbio. El precio medio ha pasado de los 587 a los 1.128 euros para un piso de 80 metros cuadrados,[3] lo que supone una subida de casi el 100 por ciento, mientras que el salario medio sólo ha subido de 2.106 a 2.618 euros.

Gráfico 7.1. Comparativa de incrementos

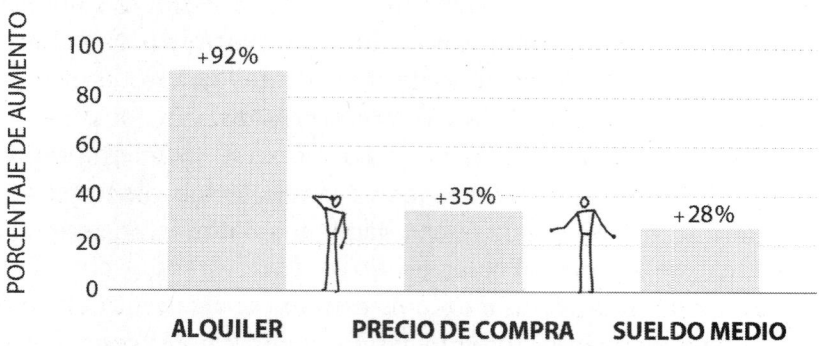

Las estadísticas desde 2014 demuestran que el precio del alquiler ha subido más del 92 por ciento, frente al aumento de más del 35 por ciento del precio de compra y de más del 28 por ciento del salario medio. Es decir, el alquiler se ha revalorizado porcentualmente más del triple que los salarios, y bastante más que el precio de compra. Esta situación irá a peor y, por mucho que tantos divulgadores digan que es mejor vivir de alquiler, creo que comprar casa sigue teniendo sentido. Sólo será mejor vivir de alquiler si el dinero que no has invertido en una casa lo rentabilizas más que el tipo de interés de la hipoteca —lo cual no es difícil—, pero pocos españoles lo hacen.

La casa es patrimonio, queda para tu vejez y nadie te puede echar de ella. De un alquiler sí te podrían echar, si el propietario precisa la casa, o subirte el precio. Además, el inmobiliario tiene numerosas bonificaciones fiscales, tanto si alquilas como si vendes de determinadas formas que veremos a conti-

3. Aranda, J. L., «La década de los alquileres imposibles», *El País*, 20 de diciembre de 2025.

nuación; pero antes quiero que entiendas bien cómo se compra una casa.

Cuando compras una casa, puedes hacerlo con o sin hipoteca. La compra se documentará en dos documentos diferentes que no se dan en el mismo momento, y por eso decimos que ocurre en dos fases:

1. **Contrato privado:** en el que las partes acuerdan la casa en cuestión, precio, etcétera. Mucha gente no lo sabe, pero cualquier soporte es válido —incluida una servilleta— para un contrato privado, y no hacen falta notarios. Eso sí, para evitar problemas, deben firmarse todas las hojas. Cuando se entrega una señal, es útil, por ejemplo, pactar un plazo para buscar financiación o fijar condiciones antes de acudir a la notaría.

2. **Escritura pública de compraventa:** momento en que se produce el pago íntegro del inmueble y la entrega de la propiedad. El notario da fe de lo acordado y verifica que se cumplan los requisitos legales. Este documento es inscribible en el registro de la propiedad, lo que otorga una protección extra al inmueble (indica que la casa es tuya, por si algún día tienes algún problema). Con lo importante que es esta operación, yo siempre lo haría así.

Si compras con financiación, el proceso incorpora una tercera pata: la constitución de la hipoteca ante notario, normalmente el mismo día de la firma de la compraventa con dos escrituras públicas distintas ante notario: una de compraventa y otra de préstamo hipotecario.

Con respecto al contrato de compraventa entre las partes, ya hay aspectos a los que prestar atención para minimizar el pago de impuestos. El contrato privado ya tiene plena validez entre las partes que lo firman; o sea, tú y el vendedor del inmueble. Por tanto, antes de firmar este contrato, asegúrate de revisar bien que el inmueble está perfecto: que no hay okupas, que no hay una servidumbre de paso (camino en la finca que puede usar otro vecino para atravesarla), deudas con la comunidad o de IBI, pleitos con la comunidad de vecinos, etcétera.

Lo primero que debes saber es que, en España, nadie puede vender su casa por el precio que quiera. ¿Qué? Así es: Hacienda considera que siempre debes tener en cuenta el valor de mercado; es decir, que el precio tiene que ser similar al que se hubiera convenido entre partes independientes, o considerará que hay una donación encubierta y podría sancionarte. Por eso, aunque compres a un familiar, hay que poner un precio como si estuvierais negociando como desconocidos, o sólo ligeramente inferior al valor de referencia.

Una hipoteca es un préstamo con intereses que pides al banco para financiar la compra de un inmueble. En realidad, el nombre correcto es «préstamo hipotecario», porque la hipoteca en sí es el derecho real (poder jurídico) del banco sobre la casa que dejas como garantía por si no pagas el préstamo. Dicho de otro modo, el préstamo hipotecario es el contrato de financiación, y la hipoteca es la seguridad (la casa) que respalda ese préstamo ante el banco. Ese préstamo lo vas devolviendo mensualmente junto con unos intereses también mensuales, hasta que termines de pagarlo, según el plazo decidido, que suele ser de entre veinte y veinticinco años. Si dejas de pagar el préstamo, el banco te quita la casa.

En España, a diferencia de Estados Unidos, si el valor de la casa es inferior al de la deuda —porque ha bajado de precio o porque se destruye sin haber contratado un seguro—, además de quedarse con ella te exigirá el dinero que falta, y podría embargar tus bienes.

El Banco Central Europeo (BCE) fija un tipo de interés oficial que es el que utiliza para prestar el dinero a los bancos comerciales. Los bancos también se prestan el dinero entre sí (el Santander al BBVA al 2,1 por ciento, el BBVA a Bankinter al 2,3 por ciento) y el tipo medio al que lo hacen es el famosísimo Euríbor, que será el porcentaje que pagues por tu hipoteca más un diferencial. Cuando el BCE sube los tipos, lo hace también el Euribor, e hipotecarse sale más caro, porque pagas más intereses.

Los intereses de tu hipoteca serán de alguno de estos tres tipos:

a. Tipo fijo: te proporcionará más seguridad, ya que nadie puede predecir el futuro, ni para bien ni para mal.
b. Tipo variable: te dará gratas sorpresas..., y alguna pesadilla; pero en un horizonte temporal largo, suele suponer demasiada incertidumbre para mi gusto, porque tus intereses podrían reducirse a cero en algunos momentos (nunca negativos), pero también aumentar hasta los dos dígitos y dejarte desangrado. Todo depende de tu aversión al riesgo.
c. Tipo mixto: te dará estabilidad al principio, mientras sea fijo, y riesgo al final, cuando sea variable.

Si los tipos están bajos, aprovecha el fijo, porque se mantendrá así siempre; si están altos, pero en tendencia bajista, tiene sentido el variable, al menos en el corto plazo. Eso no quita que una decisión acertada en un momento siga siéndolo en otros. Piensa que nunca sabemos lo que va a pasar dentro de cinco o diez años.

En la práctica, en el 99 por ciento de los casos, cualquier persona debería elegir tipos fijos porque no soportará la incertidumbre de que el día de mañana puedan subirle el interés muchísimo y eso estropee toda la rentabilidad y todos sus cálculos.

OPTIMIZACIÓN DE LA HIPOTECA

Hipotecarse para comprar un inmueble tiene todo el sentido, por tres razones principales:

- Poder deducirte lo pagado en intereses en el IRPF.
- Por la deuda no pagas impuestos y, por tanto, es más eficiente.
- Accedes al inmobiliario antes, y más barato, al ser su tendencia alcista en el largo plazo.

El interés que pagas por tu hipoteca es un gasto deducible cuando el dinero prestado se utiliza para generar renta; por ejemplo, para la compra de un inmueble que se pondrá en alquiler. Si el piso es para vivir tú en él, desde 2013 ya no puedes deducir los intereses en la declaración de la renta. Es curioso, cuando se supone que nuestros queridos gobernantes quieren facilitar el acceso a la vivienda. En cambio, si es para alquilar a otra persona, al deducir ese interés, reduces la base imponible (menos beneficio) y, por tanto, pagas menos IRPF. Ojo: sólo se deduce la parte de intereses, nunca la amortización de capital.

Supongamos una vivienda alquilada que genera 12.000 euros anuales en rentas. Si la compra se ha realizado sin hipoteca, el propietario sólo puede deducirse los gastos corrientes —IBI, seguros y comunidad— por un importe de 2.000 euros, de modo que la base imponible del alquiler sería de 10.000 euros, sobre los que deberá tributar. En cambio, si la vivienda se ha adquirido con una hipoteca que cubre el 80 por ciento del precio de compra a un interés del 3 por ciento, los intereses del primer año (unos 4.800 euros) también son deducibles. En ese caso, la base imponible se reduce a 5.200 euros, lo que implica pagar impuestos sobre una cantidad bastante menor. Además, en el caso sin hipoteca, vas a tener más beneficio, pero la rentabilidad —que es lo que importa en el largo plazo— es mucho menor, tal como veremos.

Además de pagar menos impuestos, inviertes menos dinero propio (el que aportes para la entrada). Si el inmueble se revaloriza el 5 por ciento anual, esa subida se aplica sobre el total, no sólo sobre tu capital. Por ejemplo, una subida de 10.000 euros sobre 200.000 equivale al 5 por ciento sobre el piso, pero si tú sólo pusiste 40.000 euros, para ti supone el 25 por ciento de rentabilidad bruta sobre tu capital antes de gastos.

Por eso se dice que el apalancamiento multiplica la rentabilidad: de tu dinero sólo estás usando una pequeña parte, y el resto te lo ha prestado el banco, al que se lo vas devolviendo lentamente mientras tu inmueble se revaloriza y puedes ir generando ingresos con el alquiler.

Veamos una comparación fiscal clara entre comprar una vivienda de 500.000 euros al contado (con dinero ganado trabajando) y pedir una hipoteca del 80 por ciento. Supondremos que eres residente fiscal en España, que compras para alquilar y que el IRPF te sitúa en el tramo máximo del 45 por ciento.

- A tocateja, sin hipoteca: para disponer de 500.000 euros netos procedentes del trabajo, debes ganar mucho más bruto, porque tributas en la base general. Al ganar tanto dinero, sobre todo si es en pocos años, el tipo medio efectivo puede rondar el 45 por ciento, y más si sumamos cotizaciones, donde ya se dispara. Por tanto, tendrías que generar unos 900.000 euros de salario bruto, y sólo en IRPF habrías pagado unos 400.000 euros más cotizaciones. De este modo, tardas mucho más en tener el dinero que en el caso sin hipoteca.
- Con hipoteca del 80 por ciento: para tu aportación propia del 20 por ciento restante necesitas 100.000 euros. Para ahorrarlos con un tipo medio del 45 por ciento, necesitarías ganar 182.000 euros brutos. Los impuestos aproximados sobre ese ingreso serían 82.000 euros, y los 400.000 que te presta el banco no tributan, porque un préstamo no es un ingreso.

La diferencia entre un caso y otro es enorme, a pesar de que se trata de la misma casa de medio millón de euros, como se resume en la tabla 7.1.

Tabla 7.1. Capital bruto necesario para comprar una vivienda con y sin hipoteca

OPCIÓN	IMPORTE TOTAL	IMPORTE PROPIO	IMPORTE BANCO
Escenario	Bruto que debes generar	IRPF pagado para reunir capital	Capital disponible
Compra al contado	≈ 909.000 €	≈ 400.000 €	500.000 €
Compra con hipoteca del 80 %	≈ 182.000 €	≈ 82.000 € (máximo)	100.000 € (el banco pone 400.000 €)

Además, cada año, los intereses de la hipoteca que pagues para alquilar el inmueble se restarán de los ingresos del alquiler, bajando todavía más tu factura fiscal anual. Si el inmueble se revaloriza, la ganancia se aplica sobre los 500.000 euros, aunque sólo hayas puesto 100.000.

Acceder al inmobiliario: cuanto antes, mejor

Vivimos en un contexto inflacionista, que penaliza el ahorro y favorece la inversión. Tus euros pierden entre el 2 y el 3 por ciento de poder adquisitivo cada año (oficialmente, pero en realidad es más) y la tendencia es que esto vaya a peor, porque los gobiernos no paran de imprimir dinero para aumentar el gasto público. Encima, el aumento de la inflación les conviene hasta cierto punto, porque la deuda les sale más barata. Apostaría todo mi dinero a que los políticos, con sus incentivos cortoplacistas, seguirán devaluando la moneda y, por tanto, incrementando el precio del inmobiliario y del resto de los activos.

Puede haber alguna caída por alguna causa extraordinaria, pero descartando los riesgos de cisnes negros,[4] la tendencia es claramente alcista. En cualquier caso, esos riesgos los reducimos diversificando en activos que nos protejan y nos den la mayor rentabilidad neta posible tras impuestos: habilidades propias y pensamiento crítico, oro, inmobiliario y fondos indexados a varios países muy distintos, etcétera.

Lo que nos interesa es tener los máximos activos reales hoy, los cuales se irán revalorizando mientras el euro se va devaluando. Por tanto, usa tus euros de hoy, que valen mucho más que dentro de diez años, para comprar inmobiliario de hoy. Aunque parezca

---

4. Concepto desarrollado por Nassim Taleb para referirse a los acontecimientos altamente improbables, de gran impacto y que tendemos a explicar *a posteriori* como si hubieran sido previsibles. Véase Taleb, N., *El cisne negro: el impacto de lo altamente improbable*, Paidós, Barcelona, 2011. (*N. de la e.*)

que esté carísimo,[5] lo más probable es que el euro siga bajando de valor y que el inmobiliario esté bastante más caro dentro de diez años.

Lo bueno de hipotecarte es que te permite tener el capital disponible para dar la entrada mucho antes. Si, además, estamos en un periodo de hipotecas carísimas, es probable que bajen en los próximos años, por pura estadística histórica. De modo que, si no quieres arriesgarte a pedir un tipo variable —yo no lo haría—, espera un par de años y pide uno fijo de menos del 3 por ciento, por ejemplo. Aunque después suban, tú siempre vas a deber ese 2 o 3 por ciento, por lo que te ha salido muy barato endeudarte y, además, cuando suben los tipos de interés también lo hacen los que te pagan las cuentas remuneradas y la renta fija.

Ésta es la estrategia cuando pasamos de un periodo de tipos altos a uno de tipos bajos:

1. El BCE decide bajar mucho los tipos de interés.
2. La bajada de los tipos abarata los préstamos (hipotecarios o de la índole que sean) y que las cuentas remuneradas, los depósitos y la renta fija europea pague menos intereses.
3. En ese momento, saca el dinero de las cuentas remuneradas e hipotécate a tipo fijo.
4. Después, según vayan subiendo los tipos de interés en Europa, tú seguirás pagando el 2 por ciento por tu hipoteca, pero, si has ido ahorrando, ahora tendrás cuentas remuneradas donde meter tus ahorros que se beneficiarán de la subida de tipos.

Por resumir: mi estrategia es comprar la mayor cantidad posible de activos reales escasos por si se produce algún suceso catastrófico que estropee algún punto de mi cartera o mis negocios: oro, inmobiliario, empresas *top* (mediante fondos indexados para pagar los mínimos impuestos), Bitcoin, etcétera.

5. Comparado con el euro, porque, en relación con el oro o el S&P 500, ha bajado de precio en los últimos años.

¿QUÉ IMPUESTOS SE PAGAN EN UNA COMPRA INMOBILIARIA?

En el momento de comprar una casa, sea de primera o segunda mano, pagarás en impuestos alrededor del 12 por ciento sobre su valor. Por ello, si piensas comprar una casa de 1 millón de euros, deberás tener ahorrado el 20 por ciento de entrada que el banco no te financiará (a veces consigues que financien más, pero tienes que tener un muy buen perfil) y —por lo general— el 11 por ciento de impuestos: 310.000 euros. El resto de la casa lo irías pagando mes a mes, devolviendo al banco el préstamo con intereses. Ese 11 por ciento de impuestos varía en función de si el inmueble es de obra nueva (IVA + AJD) o de segunda mano (ITP).

Cuando compras directamente al promotor (**obra nueva**), se aplicará el IVA, el cual varía:

a. Viviendas de protección oficial o compradas como empresa acogida al régimen EDAV (lo veremos): 4 por ciento (a veces cambia un poco).
b. Vivienda genérica: 10 por ciento.
c. Locales, plazas de garaje o uso no residencial: 21 por ciento.

El impuesto de AJD se aplica al formalizar la compraventa ante notario, y tiene una parte fija y otra variable, que suele oscilar entre el 0,5 y el 1,5 por ciento, según la comunidad autónoma. En total: del 10,5 al 11,5 por ciento en impuestos por comprar vivienda nueva.

En el caso de los inmuebles de **segunda mano**, la compra está exenta de IVA, por lo que se tributa por ITP, que varía entre el 6 y el 13 por ciento, según la comunidad autónoma.

A estos gastos hay que sumar los de notaría y escrituras (≈ 600 euros), del registro de la propiedad (≈ 300 euros), la gestoría (≈ 350 euros) y la tasación (≈ 400 euros).

Total: 21.650 euros extra, más lo que pagues en intereses si pides una hipoteca.

Por tanto, cuando compres casa, calcula que en impuestos y

gastos se te va aproximadamente el 13 por ciento, sea de primera o de segunda mano.

Además, es importante en el momento de la compra asegurarse de que no existan cargas. Te recomiendo negociar con el vendedor quién las asume en caso de que aparezcan (por ejemplo, recibos del IBI impagados o deudas con la comunidad de vecinos). Sí: dile que las pague él.

¿Compensa más montar una sociedad para invertir en inmuebles?

Casi nunca, si te dedicas a la compraventa y sea sólo para tu residencia habitual y algún inmueble más. Lo mismo ocurre si es para destinar el inmueble a alquiler de residencia habitual, ya que pierdes la famosa reducción del 50 por ciento. Por norma general, suele compensar a partir de los ocho inmuebles, pero habría que ver el caso concreto y la finalidad de la inversión.

Montar una sociedad para invertir en inmuebles no es, en 2026, la opción fiscalmente óptima para la mayoría de los inversores particulares. La sociedad sólo empieza a salir a cuenta cuando cambian los objetivos del inversor y la lógica deja de ser «cobrar rentas» para pasar a «acumular, reinvertir y reestructurar patrimonio». La diferencia no es ideológica: es técnica.

Como persona física, el alquiler de vivienda habitual del inquilino tributa en el IRPF con una reducción general del 50 por ciento del rendimiento neto (con incrementos posibles en supuestos tasados), reducción que no existe en el impuesto sobre sociedades. Esto hace que, en igualdad de ingresos y gastos, el tipo efectivo en IRPF sea muy inferior al societario. De ahí que, para patrimonios pequeños o medianos destinados a generar renta personal, salga ganando claramente la persona física.

Además, en la sociedad siempre aparece, casi siempre, un segundo problema: la doble imposición fiscal. La empresa tributa por el beneficio y, cuando el socio quiere usar ese dinero para vivir, vuelve a tributar por la vía de los dividendos o retribuciones. En cambio, en IRPF, el alquilar tributa una sola vez. Este punto, por sí solo, invalidaría muchas estructuras societarias montadas para «pagar menos impuestos».

Por resumir, una sociedad no compensa cuando:

- El objetivo es vivir personalmente de las rentas sin reinvertirlas en otros pisos.
- Se tienen pocos inmuebles y poco estables.
- El alquiler es de vivienda conforme a la LAU.
- No hay intención clara de reinvertir los beneficios.
- No existe ningún riesgo empresarial relevante que justifique limitar la responsabilidad.

La empresa de inversión empieza a tener sentido cuando el enfoque cambia y concurren —como mínimo— dos de las siguientes circunstancias:

Cuando el inversor no necesita extraer las rentas y puede reinvertirlas de forma sistemática

El IS deja de compararse con el IRPF personal, porque no hay una segunda tributación inmediata. La sociedad se convierte en un vehículo de capitalización, no de renta.

Cuando hay volumen suficiente y estabilidad como para profesionalizar la actividad

Si se cuenta con una estructura financiera más compleja, financiación bancaria recurrente, compras periódicas, reformas relevantes, equipos de gestión o entrada de socios, la sociedad no se justifica sólo por los impuestos, sino por su organización, riesgo y escalabilidad.

Cuando se accede de forma real (no teórica) a regímenes específicos

En especial, el de entidades dedicadas al arrendamiento de vivienda (EDAV). En este régimen, no existe un «tipo del 3-4 por ciento», como se suele decir, pero que es incorrecto. Lo que sí existe es una bonificación del 40 por ciento en la cuota del IS correspondiente a las rentas del arrendamiento de viviendas que cumplan unos estrictos requisitos: al menos ocho viviendas alquiladas o puestas en alquiler durante un mínimo de tres años, conformes a la LAU; contabilidad separada por inmuebles; y mantenimiento del régimen.

Antes, el incentivo era mucho mejor, aunque todavía es relevante, pero exige volumen, disciplina y vocación de permanencia. Además, el reparto de dividendos procedentes de rentas bonificadas tiene penalizaciones en la exención por doble imposición, lo que refuerza la idea de reinvertir y no extraer.

Cuando el tipo de actividad no es el alquiler pasivo tradicional

Es decir: compraventa inmobiliaria, promoción, alquiler no residencial, alquiler de temporada fuera de la LAU o estructuras con rotación elevada. En estos casos, no se aplica la reducción del IRPF, y la sociedad puede ser el vehículo natural, no tanto por pagar menos, sino porque el IRPF deja de ser ventajoso.

Cuando el inversor piensa en estructuración patrimonial a largo plazo

Por ejemplo: holdings, transmisión ordenada, entrada de herederos, socios o coinversores, o separación clara entre patrimonio personal y empresarial. Aquí la sociedad es una herramienta jurídica antes que fiscal.

¿Qué impuestos se pagan en una venta inmobiliaria?

En España, al vender tu casa, los impuestos relevantes dependen de dos cosas: quién vende (persona física residente, no residente o sociedad) y qué se vende (vivienda habitual u otro inmueble). En una venta normal entre particulares, el vendedor suele enfrentarse a dos figuras: el **IRPF** por la ganancia patrimonial —el impuesto principal si eres persona física residente fiscal en España— y la **plusvalía municipal** (IIVTNU) si el inmueble es urbano. Esa plusvalía o ganancia se calcula, en esencia, como la diferencia entre el valor de transmisión y el valor de adquisición.

Hay una ventaja para ti, y es que el valor de transmisión no es sólo el precio: puede minorarse por gastos asociados a la venta (por ejemplo, comisión de agencia, notaría de la venta si la asume el vendedor, cancelación registral, etcétera). También puede minorarse porque el valor de adquisición no es sólo lo que has pagado, sino que incluye gastos y tributos inherentes a la compra (notaría, registro, ITP o IVA/AJD y demás) y el coste de inversiones y mejoras (no simples reparaciones). El IIVTNU, por su parte, grava el incremento de valor de los terrenos urbanos puesto de manifiesto en la transmisión. Tras la reforma posterior a la jurisprudencia constitucional, el sistema permite, en términos generales, determinar la base imponible por un método objetivo o por la plusvalía real cuando resulte aplicable y más favorable, y contempla supuestos de no sujeción cuando no exista incremento de valor.

Ahora bien, imagina que compraste una casa en 2021 por 200.000 euros y la acabas de vender por 240.000 euros. Parece una ganancia de 40.000 euros, el 20 por ciento. De locos, ¿no? Todo el mundo te dirá que eres muy listo o lista, y una persona normal se quedaría aquí. Sin embargo, tú piensas: «La inflación acumulada en estos últimos cuatro años ha sido, como mínimo, ese 20 por ciento». Esto significa que los 240.000 € de hoy tienen el mismo valor adquisitivo que los 200.000 € de 2021. Es decir: te has quedado en un «punto de equilibrio» o cero técnico;

no eres más rico, sólo tienes más billetes cuyo valor unitario es menor. Esto es algo que casi nadie entiende, a veces por falta de información y otras por desidia.

El problema principal es que Hacienda no tiene en cuenta la inflación al calcular tus impuestos. Para el Estado, has tenido una ganancia patrimonial de 40.000 € y te exigirá tributar por ella en el IRPF, en la base del ahorro. Por tanto, te tocaría pagar el 20 por ciento de impuestos, más o menos: unos 8.000 euritos. Al pagar esos impuestos sobre una ganancia que en términos reales no existe, terminas teniendo menos poder adquisitivo del que tenías en 2021. Es una absoluta genialidad desde el punto de vista del Estado: tú estás feliz porque sientes que estás ganando dinero, pero en realidad estás pagando impuestos como si te hubieras hecho rico sólo por conservar poder adquisitivo.

Esto es un recordatorio importante de que, en periodos de alta inflación, el valor de los activos debe subir muy por encima del IPC para que exista una rentabilidad verdadera, porque el IPC ni siquiera es la inflación: no tiene en cuenta el inmobiliario ni otros bienes, y es muy inferior. Esto es como si te suben el sueldo el 3 por ciento cada año, lo que hace aumentar tu base imponible en el IRPF, y pagas impuestos por ello como si estuvieras ganando algo, pero no estás aumentando tu poder adquisitivo, sólo lo estás conservando.

Aun así, por supuesto, es mucho mejor tener activos que conserven poder adquisitivo o que te suban el sueldo, aunque pagues más impuestos, que quedarte estancado y perder poder adquisitivo. Por eso, invertir en inmobiliario que se revalorice un poco es infinitamente mejor que dejar que tu dinero pierda poder adquisitivo a diario.

Lo que sería todavía mejor es combinar fiscalidad + finanzas + derecho para optar por las soluciones óptimas: ¿Planes de pensiones? ¿PIAS? ¿Fondos indexados? ¿Oro físico en autocustodia? ¿Oro sintético? Veremos todo esto más adelante.

¿Cómo pagar cero impuestos por la plusvalía?

A continuación, te explico cómo ahorrar esos 8.000 euros en impuestos, gracias al mejor truco que hay en España para la compraventa inmobiliaria a pequeña escala, y con el que he visto a gente ahorrarse hasta 50.000 euros.

Exención por reinversión en vivienda habitual

Si vendes tu vivienda habitual y obtienes una ganancia, puedes evitar pagar impuestos por ella gracias a esta exención, contemplada en el artículo 41 del Reglamento del IRPF. Funciona así: cuando vendes tu vivienda habitual por un precio superior al que te costó, esa diferencia es una ganancia patrimonial, que deberías tributar en el IRPF.

Sin embargo, si reinviertes ese dinero en comprar, construir o rehabilitar otra vivienda habitual, esa ganancia queda total o parcialmente exenta de impuestos. La lógica es fácil: no te estás enriqueciendo, sólo estás cambiando de vivienda principal, por lo que no tienes que tributar. Para acogerte a esta exención, debes cumplir cinco requisitos:

1. **Debe ser tu vivienda habitual.** La vivienda que vendes tiene que haber sido tu residencia principal y habitual durante al menos tres años. No sirve una segunda residencia, una casa de vacaciones ni un piso alquilado. Si no has vivido allí tres años, se permite aplicar la exención si el cambio de vivienda es por causas justificadas, como matrimonio, cambio de trabajo o fuerza mayor.
2. **Reinvertir el dinero obtenido.** Debes destinar el importe obtenido en la venta a comprar, construir o rehabilitar otra vivienda habitual. La exención se aplica sólo de manera proporcional al dinero reinvertido. Por ejemplo, si vendes por 300.000 euros, pero reinviertes 150.000, sólo queda exenta el 50 por ciento de la ganancia.

3. **Reinversión dentro de dos años.** La reinversión debe hacerse en un plazo máximo de dos años desde la venta, o haber comenzado hasta dos años antes de vender.

4. **Trasladarte a la nueva vivienda en un plazo de doce meses.** La nueva vivienda debe convertirse en tu residencia habitual en un plazo razonable, como máximo doce meses desde la compra o desde que termines las obras. No sirve para alquilarla o mantenerla vacía.

5. **Cumplir las condiciones si es una rehabilitación.** Si reinviertes en rehabilitar una vivienda, deben ser obras importantes que afecten a la estructura, las fachadas o la cubierta, no simples reformas interiores. Además, el coste de la obra debe superar el 25 por ciento del precio de compra o del valor de mercado de la vivienda, excluido el valor del suelo.

Es fundamental documentar todo correctamente para que, si Hacienda revisa la operación, puedas justificar que se cumplen todos los requisitos. Sin embargo, hay otro requisito que, si lo cumples, te exime de cumplir los cinco anteriores, y es: no ser joven.

Exención por reinversión en vivienda habitual

Cuando una persona mayor de 65 años vende su vivienda habitual, no tiene que tributar por la ganancia patrimonial, aunque no reinvierta el dinero. Así de sencillo. No hace falta que compre otra casa, que construya, ni que se meta en obras. Vende, y lo que gane queda exento directamente de IRPF. También es así para las personas que se encuentren en situación de dependencia severa o gran dependencia.

La diferencia clave frente a la exención por reinversión es que aquí no se exige que hagas nada con el dinero; no hay condiciones.

Bonus: la nuda propiedad y la hipoteca inversa

La venta de la nuda propiedad no es un préstamo, sino una venta real de la vivienda, aunque incompleta. El propietario vende la titularidad y se reserva el usufructo vitalicio, es decir, el derecho a vivir en la casa hasta su fallecimiento. El comprador, por su parte, pasa a ser dueño en expectativa: no puede usar ni alquilar la vivienda mientras viva el usufructuario. A cambio, paga un precio inferior al de mercado, que puede cobrarse de una sola vez o mediante rentas, temporales o vitalicias. Aquí no hay intereses ni deuda futura.

La consecuencia clave es que la vivienda ya no formará parte de la herencia. Los herederos no reciben una casa con carga, sino que, directamente, no reciben la casa. A cambio, el vendedor obtiene dinero limpio, sin obligaciones posteriores.

Esto nos da pie a explicar las tres formas de disfrutar de un objeto, para que no te confundas jamás, y porque es muy relevante para el apartado de donaciones y sucesiones, que veremos más adelante:

1. **Pleno dominio:** implica la titularidad completa de un bien. Quien lo tiene puede usarlo, disfrutarlo y disponer de él libremente (vivir, alquilar, vender o hipotecar). Es la suma de todos los derechos sobre la cosa y supone el control total, sin depender de terceros.

La nuda propiedad y el usufructo aparecen cuando ese dominio se divide:

2. **Nuda propiedad:** conlleva la titularidad jurídica de un bien. El nudo propietario no puede usarlo ni disfrutar de él mientras exista el usufructo; conserva la titularidad y recuperará el pleno dominio cuando el usufructo se extinga.
3. **Usufructo:** no implica propiedad, pero el usufructuario puede usar el bien y obtener sus frutos (vivir en él o alquilarlo), con la obligación de conservarlo y sin poder venderlo ni gravarlo.

Por otra parte, existe la **hipoteca inversa**, que muchos confunden con la nuda propiedad, pero no tienen nada que ver. La hipoteca inversa es un préstamo, no una venta. El propietario mantiene la plena titularidad de la vivienda y la grava con una hipoteca a favor de una entidad financiera. A cambio, recibe dinero —en un pago único, rentas periódicas o una combinación— calculado en función del valor del inmueble y de su edad.

Está pensada para mayores de sesenta y cinco años o personas con discapacidad o dependencia, y sólo puede constituirse sobre la vivienda habitual. El préstamo va generando intereses, pero no se devuelve en vida: la deuda se liquida cuando fallece el titular. En ese momento, los herederos pueden elegir entre pagar la deuda y conservar la vivienda o no pagar y permitir que se venda para saldarla.

La clave es que la vivienda no se pierde automáticamente: lo que se transmite a los herederos es una casa con una deuda asociada. Por tanto, la hipoteca inversa da liquidez hoy a cambio de reducir el valor neto de la herencia mañana, pero no elimina la herencia.

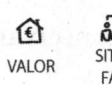

La diferencia esencial entre ambas opciones es clara: la hipoteca inversa conserva el patrimonio y crea una deuda; la venta de nuda propiedad elimina el patrimonio y elimina la deuda. La primera protege la titularidad, pero compromete el valor hereditario. La segunda asegura liquidez definitiva, pero sacrifica la transmisión del inmueble.

En términos prácticos, si el objetivo es no perder la casa y dejar margen de decisión a los herederos, la hipoteca inversa encaja mejor. Si el objetivo es obtener dinero sin cargas futuras y sin preocupar a los herederos por una deuda, la nuda propiedad puede ser más adecuada.

Ambas opciones pueden ser razonables o desastrosas según la edad, el valor del inmueble, la necesidad real de liquidez y, sobre todo, la situación familiar y sucesoria. Antes de firmar cualquiera de ellas, es imprescindible entender qué se está hipotecando, qué se está vendiendo y quién asume el coste final.

Bien: ahora que tienes la casa en propiedad y quieres monetizarla, te interesa aumentar los ingresos por alquiler. Vamos a ello.

8

Alquiler de vivienda

En este capítulo nos centraremos en el alquiler de residencia habitual. Principalmente porque es el más utilizado en España, pero también porque la normativa del alquiler por temporada y turístico no para de cambiar, con la consiguiente inseguridad jurídica a la que nos tienen habituados.

BONIFICACIONES

La posibilidad de arrendar es clave, y otra de las razones por las que invertir en inmobiliario tiene todo el sentido en nuestro país, ya que puedes aplicar una reducción de entre el 50 y el 90 por ciento sobre los rendimientos obtenidos del alquiler:

a. **Bonificación del 90 por ciento:** cuando el mismo arrendador haya formalizado un nuevo contrato de arrendamiento sobre una vivienda en zonas de mercado residencial tensionado con una reducción en la renta de al menos el 5 por ciento sobre el contrato anterior.

b. **Bonificación del 70 por ciento:** si la vivienda se alquila por primera vez a jóvenes de entre 18 y 35 años; si se destina al alquiler social, con una renta mensual inferior a la establecida en el programa de ayudas al alquiler del plan estatal de vivienda; o se alquila a personas en situación de vulnerabilidad económica.

c. **Bonificación del 60 por ciento:** cuando la vivienda hubiera sido objeto de una rehabilitación finalizada en los dos años anteriores a la fecha de celebración del contrato.

d. **Bonificación del 50 por ciento:** el resto de los casos que no cumplan los requisitos para las tres bonificaciones anteriores.

¿A qué se refiere la normativa con «zona tensionada»? El nuevo Índice de Precios de Referencia en España (<https://serpavi.mivau.gob.es/>) establece un rango de precios para la fijación de rentas en nuevos contratos en zonas declaradas como tensionadas (que cada vez son más).

Además, en función de la fecha del contrato de alquiler, existen dos escenarios:

a. **Contratos firmados antes del 26 de mayo de 2023:** no te verás afectado por los cambios introducidos en la Ley de Vivienda, así que se benefician de un régimen transitorio, y seguirás aplicando la reducción del 60 por ciento en tus rendimientos, como hasta ahora. Así, hasta que el contrato finalice o se firme uno nuevo.

b. **Contratos firmados después del 26 de mayo de 2023:** se aplicarán las nuevas reducciones fiscales, es decir, la reducción del 50 por ciento sobre los rendimientos obtenidos, salvo que cumplas con alguno de los requisitos citados antes para una reducción mayor.

Como ves, para empezar, hay un 50 por ciento de reducción como mínimo si alquilas la casa a alguien. Es decir, si obtienes 12.000 euros de beneficio (la cantidad resultante de restar los gastos a los ingresos), sólo pagarás impuestos sobre 6.000.

Desde el punto de vista fiscal, los propietarios que ponen su vivienda en alquiler tienen muchas más ventajas que sus inquilinos. Los primeros se pueden deducir muchos gastos; los segundos, sólo unos pocos cientos de euros en algunas comunidades autónomas, la mayoría de las cuales exigen el empadronamiento, que el contrato esté depositado en el registro de arrendamientos y estar al día con Hacienda. Esto es importantísimo: mucha gente tiene el contrato de alquiler a nombre de su madre, o lo paga en B, y, por tanto, no consta y no se lo puede deducir.

La deducción estatal por alquiler desapareció para contratos firmados después del 1 de enero de 2015. Si firmaste antes y la has seguido aplicando sin interrupción, puedes seguir deduciendo el 10,05 por ciento del alquiler si tu base imponible es inferior a los 24.107,20 euros.

Vivir de alquiler por decisión propia sólo es inteligente desde el punto de vista financiero para gente que no quiere descapitalizarse al comprar el inmueble con o sin hipoteca y prefiere poner su dinero ahorrado en otros activos más rentables para ellos. En otras palabras: sólo compensa frente a comprar cuando ese capital que no inmovilizas (la entrada, los impuestos y los gastos asociados a la compra) trabaja por ti a un rendimiento superior al que te daría la vivienda en valor y estabilidad. Si, por el contrario, ese dinero se queda parado en una cuenta o se gasta, vivir de alquiler deja de ser una decisión financiera para ser una de tipo emocional o estilo de vida.

En realidad, alquilar sólo tiene más sentido financiero que comprar cuando el dinero que no inmovilizas en la compra —es decir, la entrada, los gastos, los impuestos y el capital inicial que no metes en el ladrillo— lo estás haciendo rendir a una rentabilidad superior a la que te daría el propio inmueble.

Además, a medida que sube el precio de un inmueble, la rentabilidad por alquiler suele bajar. Un piso de 200.000 euros alquilado por 800 euros al mes tiene una rentabilidad bruta del 4,8 por ciento, pero uno de 600.000 euros alquilado por 1.800 euros al mes apenas llega al 3,6 por ciento. Esto ocurre porque el alquiler no sube al mismo ritmo que el valor de compra: los inquilinos tienen un límite de lo que pueden pagar, y el mercado no ajusta linealmente. Por eso, cuanto más caro es el piso, menos rentable resulta alquilarlo.

Y aquí viene la otra cara de la ecuación: si en lugar de comprarte un solo piso caro, usas ese capital como entrada para varios inmuebles más pequeños, puedes diversificar el riesgo y obtener una rentabilidad total mucho mayor. Por ejemplo, con esos 200.000 euros podrías dar la entrada para tres pisos de 100.000 euros cada uno y financiar el resto con hipoteca. Si cada uno se alquila por 600 euros al mes, tendrías 1.800 euros de ingresos mensuales; es decir, el mismo alquiler que pagarías por el piso de 400.000 euros, pero con tres activos distintos, diversificados y con más potencial de apreciación.

El debate entre comprar o alquilar no se resuelve con frases absolutas, sino que depende de qué haces con el dinero que no inmovilizas, de la rentabilidad real del inmueble y de si ese capital te permite apalancarte e invertir en varios activos. Dicho esto, en general, recomiendo comprar el inmueble en el que se vive, salvo que tengas un patrimonio elevado o capacidad de inversión e inteligencia financiera para sacar un rendimiento elevado al capital.

Piensa que, si compras la casa en la que vives, en el futuro tendrás, como mínimo, un sitio donde caerte muerto, que siempre es importante, y no estarás a merced de un tercero, el propietario de tu inmueble, que puede echarte el día de mañana o subirte el alquiler. Los inmuebles son activos escasos y, como tales, tenderán a revalorizarse en el largo plazo. De nuevo, si lo vendes pagarás menos impuestos que lo que ganas por tu trabajo; o, mejor dicho, el euro no parará de perder valor frente a ellos según pasen los años, como lleva ocurriendo desde el año 2000 a un ritmo anual mínimo del 3 por ciento.

GASTOS DEDUCIBLES PARA ARRENDADORES

A la hora de alquilar un inmueble, no todos los gastos se deducen igual en el IRPF español. La ley distingue entre gastos deducibles con límite y sin límite para evitar que determinados gastos, como intereses o reparaciones, generen pérdidas ilimitadas en un solo inmueble y que así no tributes por él, o incluso las compenses con ganancias de otros inmuebles para no pagar por ellos.

Gastos deducibles con límite (intereses y reparación/conservación)

Estos gastos sólo se pueden deducir hasta el importe de los ingresos íntegros del inmueble en ese ejercicio. Si superan los ingresos, el exceso no se pierde, pero sólo se puede compensar en los cuatro años siguientes. Son los siguientes:

- Intereses del préstamo hipotecario destinado a la compra o mejora del inmueble alquilado.
- Gastos de financiación: comisiones bancarias, gastos de formalización de la hipoteca, gastos de cancelación, etcétera.
- Gastos de reparación y conservación, como arreglo de caldera, fontanería, electricidad, calefacción, pintura, mantenimiento de fachada y sustitución de elementos ya existentes (puertas, ventanas, electrodomésticos averiados).

Pongamos un ejemplo. Eres arrendador de un piso por el que obtienes 10.000 euros de ingresos anuales. Ese mismo año soportas 13.000 euros de gastos deducibles (por ejemplo, intereses de la hipoteca y reparaciones). A efectos fiscales, sólo puedes deducirte gastos hasta el límite de los ingresos obtenidos por ese inmueble. Por tanto, ese año te deduces 10.000 euros y el resultado es cero: no puede generar una pérdida fiscal. Los 3.000 euros de gastos no deducidos no se pierden, sino que pueden compensarse con los rendimientos positivos del mismo inmueble en los cuatro ejercicios siguientes. En ningún caso pueden compensarse con rendimientos de otros inmuebles.

El elemento clave que nos permite entender todos los demás son los intereses de la hipoteca. Hacienda permite deducir esos intereses y los gastos de formalización de la hipoteca, pero no la cuota hipotecaria completa. Imaginemos que Martín paga una cuota mensual de 550 euros en concepto de hipoteca, de los cuales 450 corresponden a la devolución del principal y los 100 restantes, a los intereses asociados al préstamo. ¿Qué se podrá deducir Martín? Sólo los 100 euros de intereses y lo que haya pagado por formalizar la hipoteca. Los gastos de seguro de vida de la hipoteca, por otra parte, sólo son deducibles si se contrata el seguro en el momento de formalización de la hipoteca.

Gastos deducibles sin límite (el resto)

En este caso, sí se pueden generar pérdidas, sin tope anual. Estos gastos son, principalmente, los siguientes:

- IBI y gastos de comunidad
- Seguro, gestoría y gastos legales
- Suministros pagados por el propietario
- Amortización del inmueble y del mobiliario

Si ingresaras 10.000 euros, y tus gastos (sin límite) fuesen de 12.000 euros, el rendimiento neto sería −2.000 euros. Esa pérdida compensa los beneficios de otros pisos ese mismo año. Y, tranqui: si no puedes compensarlo ese año porque no tienes otros activos, puedes guardarla cuatro años, como los deducibles con límite.

Es muy importante tener claro que los gastos de mejora no son directamente deducibles, sino que se deducen vía amortización. ¿Qué se considera una mejora? Todo aquello que suponga un incremento del valor del inmueble: por ejemplo, una obra para cambiar el suelo de la vivienda o la sustitución de una lavadora antigua por otra nueva.

Si en vez de comprar una lavadora nueva se repara la antigua, ese gasto sí sería directamente deducible, porque entra en la categoría de reparación y conservación. Recuerda que estos gastos deben quedar acreditados con la factura si no quieres problemas en caso de inspección.

¿Y cómo funciona la amortización del inmueble? Se trata del gasto asociado al uso del piso. En cada ejercicio se podrá deducir el 3 por ciento del valor mayor entre:

1. Valor de adquisición + gastos inherentes a la adquisición.
2. Valor catastral de la construcción excluido el valor del suelo.

El valor catastral se puede encontrar en el recibo del IBI donde se desglosan el valor de la construcción y del suelo, y sólo se debe tener en cuenta el valor de la construcción.

Es aquí, por la vía de la amortización, cuando se deducen esos gastos de mejora que citábamos antes, distintos de los gastos de reparación y conservación, de conformidad con los coeficientes que Hacienda establece en sus tablas.

EL PROBLEMA DE LAS SEGUNDAS RESIDENCIAS

¿Y si sólo alquilas el piso durante algunos meses?

Todos los gastos siguen siendo deducibles, pero únicamente en la proporción del tiempo que han estado alquilados.

Pongamos que un propietario tiene una vivienda que ha alquilado los meses de junio, julio y agosto, y el resto del año ha estado vacía. Deberá declarar lo que se conoce como «imputación de renta inmobiliaria». Esto es un castigo que Hacienda impone a los propietarios de pisos que están vacíos para tratar de fomentar el movimiento en el mercado inmobiliario.

Este castigo se traduce en que el contribuyente que tiene una segunda vivienda vacía tiene que agregar a su renta el 2 por ciento del valor catastral total si no está revisado y el 1,1 por ciento si está revisado. El valor catastral es el valor administrativo que la Dirección General del Catastro asigna a cada inmueble. Un valor catastral está revisado si ha sido actualizado por el catastro en los últimos diez años. Si no ha sido revisado en más de diez años, se considera no revisado.

Una vez entendido lo del valor catastral, volvamos a la imputación de renta. Si el piso ha estado parte del año vacío y parte alquilado, como veíamos en el caso anterior, se hará un prorrateo por los días que ha estado vacío.

Recuperando el ejemplo, si el inmueble tiene un valor catastral revisado de 100.000 euros, se deberá declarar una imputación de renta («ingreso») por los 273 días que estuvo vacío:

Imputación de renta = 100.000 × 1,1 % × 273 / 365 = 822,74 €

Si estuviera vacío todo el año se multiplicaría directamente por 365, a lo que habría que sumarle el recibo de la comunidad, los suministros, las reparaciones e imprevistos, el IBI y demás. ¡La noche te puede salir a unos 300 pavos!

Nunca pondría por contrato que el inquilino pague los gastos, ya que entonces no te los podrás deducir. Es mejor encarecer el contrato.

BONUS: ALQUILER CON DERECHO A COMPRA

En este supuesto, la particularidad es que, además del alquiler, el inquilino accederá al derecho de comprar la vivienda, que puede decidir ejercer o no. Como el alquiler se descontará del precio de compra, se entiende que con cada renta estás pagando parte del inmueble, como si lo fueras a comprar. Por tener esta opción, debes pagar una prima que lleva impuestos. Es decir: el alquiler con opción a compra será más caro que uno normal.

Así, hay que diferenciar entre viviendas nuevas, cuyo vendedor es una promotora inmobiliaria, y viviendas de segunda transmisión, cuyo dueño es un particular. Aquí me centraré en este segundo supuesto. Éstas son las fases del proceso:

1. Formalización del contrato de opción a compra

   ○ Inquilino: paga ITP sobre la prima. El tipo que hay que aplicar depende de la comunidad. Si no se pacta prima alguna, o la prima pactada fuera menor al 5 por ciento del precio de ejercicio de la opción, se toma en cuenta ese 5 por ciento para calcular la base sobre la que tributar. (En caso de que fuera obra nueva o participaran

empresarios, iría por IVA al 21 por ciento, porque se considera prestación de servicio.)
- Propietario: tributa en IRPF por la prima que ha cobrado.

2. Alquiler

- Inquilino: al ser vivienda, el arrendamiento está exento de ITP por el artículo 45.I.B. 26 LITP, si bien debe presentar el modelo a cero. En caso de que fuera local o primera vivienda del promotor, sí habría tributación. De ir por IVA, se iría cobrando mes a mes.
- Propietario: integra la tributación de estas rentas en el IRPF.

3. Compraventa

- Inquilino: debe pagar ITP sobre el precio total. No podrá tener en cuenta ni la prima pagada por la opción de compra ni las rentas del alquiler pactadas a cuenta del precio para descontarlas de este total en cuanto a los impuestos. Es decir, está pagando más en comparación con una compraventa normal.
- Propietario: como ha ido tributando por los rendimientos del alquiler en su IRPF, declarará una ganancia/pérdida patrimonial que tendrá en cuenta el precio total-rentas pagadas a cuenta.

En conclusión, pese a todos los impuestos, te sigue saliendo rentable si luego compras la casa, ya que, aunque pagues más impuestos, se le resta lo pagado en alquiler al precio total de la casa. Por ejemplo, si fueran 1.500 euros al mes durante dos años, serían 36.000 euros menos.

Además, llegado el momento de ejercer el derecho como comprador, puedes decidir si compras o no. Eso sí, tendrás que pagar la prima aunque no compres, y suele ser de un 5 por ciento del valor del inmueble.

Por eso, sólo firma alquiler con opción a compra si estás seguro de que quieres comprar esa casa (puedes firmar primero alquiler normal y pedir alquiler con opción a compra cuando veas que la casa y el barrio te gustan).

El vendedor, por su parte, asume bastante riesgo ya que ha estipulado un precio que en un par de años puede haber subido muchísimo y no lo vería repercutido en su ganancia si adquieres el inmueble. Por ello, es muy importante redactar bien el contrato, y contemplar el plazo para ejercer la opción a compra, el precio del arrendamiento y del inmueble y qué porcentaje de la renta se descontará del precio. Esto puede variar; el primer año suele ser el 100 por ciento, pero luego puede descender al 70 o el 50 por ciento; esto se rige por la libertad de pacto entre las partes.

CUARTA PARTE

HERENCIAS

9

Protección del patrimonio

El sistema está diseñado para que en tres generaciones volvamos al punto cero. Si consigues ganar dinero, se lo transfieres a tu hijo y él al suyo, es probable que la riqueza familiar se reduzca muchísimo. Porque pagas impuestos por respirar: por trabajar, por invertir, por tener beneficio en tu empresa, por donar, por heredar, por comprar cosas, por tener patrimonio..., por absolutamente todo. Lo que sumado a la inflación hace que sea muy difícil mantener la riqueza familiar, salvo que sea enorme o esté muy bien administrada.

Y nunca sabes si tu hijo será un dilapidador de patrimonio. Da igual que seas el que se va a morir o el que va a heredar. En todo caso, te interesa estudiar bien este bloque para librarte de que extraigan parte de tu trabajo y no lo hereden tus hijos, pero también para que la herencia de otro no te pueda perjudicar, tengas 14 años o 99.

Imagina que recibes una herencia llena de deudas o con impuestos altísimos: es posible que por culpa de ella pierdas más dinero del que recibes. Veremos cómo evitarlo.

Uno de nuestros objetivos en la vida debe ser disfrutar del dinero que ganamos, que para eso curramos, y maximizar su permanencia en el tiempo. Por eso yo protejo mi patrimonio —dinero y activos— con uñas y dientes.

Tenemos dos capas básicas de protección del patrimonio: diversificación y estructuración para nuestro disfrute y su continuidad.

Diversificación del patrimonio

La diversificación es imprescindible para disminuir la probabilidad de pérdida, por lo que nos interesa reducir el riesgo país, el riesgo bancario, el riesgo político, el riesgo de custodia, etcétera. Esto lo hacemos repartiendo nuestro patrimonio de forma geográfica, por divisas, por tipos de negocios, por tipos de activos y por bancos.

Por ejemplo, en la Unión Europea, el Fondo de Garantía de Depósitos sólo garantiza 100.000 euros por titular de cada cuenta. Esto significa que garantiza todos los depósitos realizados en cuentas de ahorro, cuentas corrientes y depósitos a plazo fijo, así como los depósitos en valores (por ejemplo, acciones o bonos) constituidos en las entidades de crédito hasta un límite máximo de 100.000 euros por entidad y titular.

De esa forma, si quiebra la entidad bancaria (BBVA, Santander o el banco que uses) te garantizan que te devolverán esos 100.000 euros, pero no el resto. Por eso jamás tendría más de 100.000 euros en ningún banco, y menos todavía parados, perdiendo poder adquisitivo.

¿Y tributas por el dinero que tienes parado en el banco? Por todo el dinero que no estás usando estás pagando el «impuesto de los pobres»: de nuevo, la inflación. No es un impuesto directo, pero sí es la pérdida progresiva de poder de compra que sufrimos cada año. Por eso es imprescindible invertir y le dedicamos un bloque a ello.

Sólo pagarás impuestos reales por tener el dinero parado en el banco si tu comunidad autónoma no tiene bonificado el impuesto al patrimonio (Madrid sí, Galicia parcialmente, otras no) y tu patrimonio neto supera el mínimo exento (700.000 euros en el ámbito estatal, pero puede variar por comunidad), que es cuando ese dinero en cuenta también suma en tu base imponible.

Esto es una cárcel desde el punto de vista financiero. España es el único país que mantiene el impuesto al patrimonio en toda la Unión Europea. En otros países gravan la propiedad de bienes inmuebles y otra serie de figuras, pero el gravamen al patrimonio en su conjunto, como tal, sólo lo tenemos en España. Y es un impuesto especialmente injusto, porque que tu patrimonio supere los 700.000 euros no significa que estés ganando un duro por él.

El Impuesto sobre el Patrimonio

Si tu patrimonio neto supera los umbrales (entre 500.000 y 700.000 euros, según la comunidad) tendrás que presentar este impuesto, que oscila entre el 0,2 y el 2,5 por ciento en función de a cuánto ascienda tu patrimonio. Parece bajo, pero el 1 por ciento de 1 millón de euros son 10.000 euros. Y puede que ese millón de euros ni siquiera te esté reportando beneficios, sino que sea tu casa. Vives en ella, y además del IBI y del resto de los impuestos, tendrás que pagar también por éste.

Recuerda que tu patrimonio neto es igual a tus activos menos tus pasivos.

¿Qué bienes se consideran activos a efectos de este impuesto? Propiedades inmobiliarias, embarcaciones, dinero, depósitos bancarios, bienes de lujo como joyas o arte y vehículos, pero puedes restarles tu pasivo (las deudas que hayas adquirido para comprarlos, como un crédito hipotecario para tu inmueble).

La buena noticia es que los primeros 300.000 euros de tu vivienda habitual (directamente como persona física) están exentos. Si tienes la vivienda en una sociedad limitada y está plenamente acogida a los beneficios de empresa familiar, el valor de tus participaciones tampoco tributará. (Ojo, si tu patrimonio se dispara a más de 3 millones de euros, también entra el Impuesto temporal de Solidaridad de las Grandes Fortunas.)[6] Para reducir

---

6. Véase: <https://sede.agenciatributaria.gob.es/Sede/declaraciones-infor mativas-otros-impuestos-tasas/impuesto-temporal-solidaridad-grandes-fortu nas.html>.

la base imponible de este impuesto, la clave es aprovechar las exenciones por vivienda habitual, cuyo valor puede estar exento hasta los primeros 300.000 euros.

Si tu casa vale 800.000 euros, y vives en una comunidad en la que no esté bonificado el impuesto, sólo por eso tendrás que pagar una cantidad en concepto de impuesto al patrimonio (además del IBI y todas las otras tasas que ya pagarás por tener una casa). Por eso comentaba que es difícil mantener la riqueza generacional y que debemos diversificar e invertir. Y, por supuesto, ordenar todo con la debida estructura para que no nos la líen.

ESTRUCTURACIÓN DEL PATRIMONIO

Si eres autónomo, los acreedores podrán ir contra tu patrimonio, ya que no hay diferencia entre el personal y el profesional. Por ello, constituir una sociedad limitada (S. L.) te protege muchísimo, y es lo que debes hacer lo antes posible si comienzas a ganar dinero y/o tener proveedores y equipo. Un siguiente nivel sería constituir varias sociedades y tener algunas en el extranjero, pero aquí te voy a explicar cómo estructurar correctamente tu sucesión patrimonial para tus herederos sin sociedades, seas empleado, jefe o *nini*, y tengas la edad que tengas, porque no sólo te ayudará a legar, sino también a recibir.

Una vez montado todo bien en vida, podremos asegurarnos de que, cuando muramos, llegue el máximo posible a nuestros descendientes. Una herencia es todo lo que deja una persona al fallecer: bienes, derechos y también deudas. El testamento es donde consta a quién quieres dejar tu herencia, pero en España no tienes libertad total para decidirlo. La ley establece límites. En algunas comunidades autónomas, como Navarra, hay más libertad, pero, en general, no puedes dejarle todo a quien quieras. Por ejemplo, un padre no puede dejar toda su casa a un amigo o a su perro, porque, por ley, los hijos tienen derecho a una parte mínima, llamada *legítima*. En casi toda España, como mínimo dos tercios de la herencia deben ir a los hijos, lo que puede perjudicar a la pareja. Además, desheredar a un hijo no es sencillo, sólo es posible en casos muy graves y probados, como maltrato o abandono.

Si mueres sin testamento, la herencia pasa primero a los hijos, después a los padres, luego al cónyuge, después a los hermanos y parientes lejanos y, en última instancia, al Estado. Y a la pareja, ¿qué? Pues aquí está el grandísimo problema de las reglas de la herencia. Esto no lo sabe casi nadie, y luego flipan cuando se dan cuenta; por defecto, si tienes pareja pero no haces testamento, no le corresponde la propiedad, sólo el usufructo de un tercio de la herencia.

El usufructo, como sabemos, es el derecho a usar y disfrutar de los bienes, pero no a venderlos, ya que la propiedad es de los herederos, normalmente los hijos. O sea, tu pareja puede ser la usufructuaria, pero tus hijos pueden vender la casa con ella dentro. Eso significa que el comprador adquiriría la vivienda «gravada» con el derecho de usufructo de la pareja, de modo que no podría usarla mientras viva el usufructuario. Ese usufructo se valora económicamente, y su valor disminuye el 1 por ciento por cada año que vive el usufructuario. No afecta a metros cuadrados o habitaciones, sino al valor económico de su parte.

Por eso, veremos lo importante que es hacer testamento para cuidar a la pareja tras tu muerte y que no se quede sin nada. Además, piensa que, si no haces testamento y tienes varios hijos o herederos, pueden quedar bienes indivisibles, como una vivienda, y repartirla entre ellos siempre da lugar a enfados.

Cualquier herencia se divide en tres partes:

1. **Legítima:** un tercio que siempre va a parar a los hijos en partes iguales, no se puede tocar ni evitar.
2. **Mejora:** otro tercio para repartir sólo entre los hijos como se quiera.
3. **Libre disposición:** el último tercio para quien quieras (pareja, amigos, ONG).

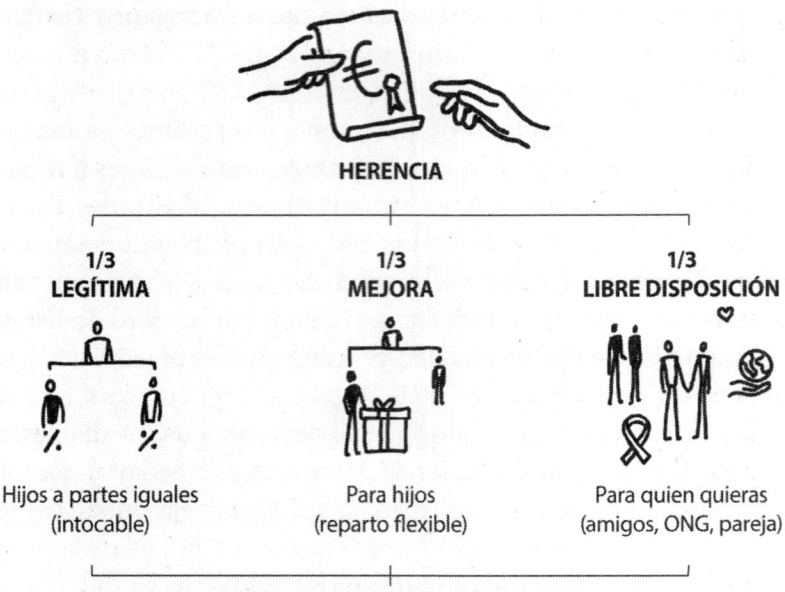

HERENCIA

1/3 LEGÍTIMA — **1/3 MEJORA** — **1/3 LIBRE DISPOSICIÓN**

Hijos a partes iguales (intocable) — Para hijos (reparto flexible) — Para quien quieras (amigos, ONG, pareja)

PARTES IGUALES. REPARTO DISTINTO

Fíjate que sólo un tercio de la herencia (libre disposición) es para gente que no sean tus hijos. No mencionar a un hijo en el testamento no lo excluye: sigue teniendo derecho a su tercio, que se resta proporcionalmente de lo que reciban los demás. En algunas zonas, como País Vasco o Navarra, puedes tener más libertad para repartir tu herencia, pero, para casos concretos, es mejor consultar con un abogado especialista. Ten esto en cuenta para incluir a tu mujer en el tercio de libre disposición. Además, desde que tienes catorce años puedes hacer testamento cuantas veces quieras, por unos 70 euros. El que tendrá siempre validez será el último, y todos son secretos.

Desde luego, a medida que aumente tu edad y tu patrimonio, deberías hacerlo sí o sí, porque:

Ahorras impuestos. Además, también ahorras los otros costes que supone la declaración de herederos *ab intestato* (cuando no existe testamento).

Tú decides qué se hace con tu dinero, no el sistema. Ya sabes que todos tus impuestos van para sanidad y carreteras, pero tal vez prefieres no dejar tanto en manos de los Montoro o los Ábalos de turno.

Reduces la probabilidad de conflictos entre tus hijos. Casi todos los casos que he visto relacionados con herencias han terminado con las familias rotas. No estoy exagerando. En cuanto hay una casa que corresponde a varios, o algo similar, siempre empieza la bronca: unos quieren vender, y cada uno dice un valor diferente; otros, alquilar, pero discuten si en Airbnb o en residencial; unos son ricos y no tienen prisa, pero otros son pobres y lo necesitan ya: «No entiendes mi situación, ¡egoísta!».

Y ahora que sabes cómo funcionan las herencias, vamos a ver cuál es la mejor forma de aceptarla o rechazarla, antes de descubrir los trucos para pagar menos impuestos por tu herencia.

ACEPTACIÓN O RECHAZO DE LA HERENCIA

Muchas veces se habla de gente que renuncia a herencias por los impuestos, pero en la práctica eso ocurre poco. En España, la mayoría de las herencias, sobre todo de padres a hijos, tienen bonificaciones de hasta el 99 por ciento, así que *don't worry*.

Las deudas son el motivo más habitual para renunciar a una herencia, porque no es posible aceptar sólo lo bueno (dinero, casas, coches) y rechazar lo malo (deudas). Cuando heredas, lo haces de todo el patrimonio del fallecido, incluidos sus pasivos.

Ahora lee atentamente: si aceptas, respondes con todo tu patrimonio personal, no sólo con lo recibido en la herencia. Fíjate bien en no heredar tampoco ningún aval del fallecido (garantía personal por la que una persona se compromete a responder de la deuda de otra en caso de que ésta no cumpla). Por eso, si la deuda tiene más pasivos que activos, lo ideal será renunciar a la herencia.

Existen dos formas de renunciar a una herencia, pero sólo me gusta la primera:

a. De forma pura y simple: rechazas la herencia directamente. No llega a ser tuya en ningún momento y no pagas impuestos. La herencia pasa al siguiente heredero.

b. A favor de un tercero: rechazas la herencia, pero indicando a quién quieres que vaya. Esto es muy problemático, porque durante un instante la herencia pasa a ser tuya, los acreedores pueden reclamarte y, además, se considera que has aceptado y luego donado, por lo que pagarías impuestos por herencia y por donación.

Si decides renunciar directamente, hazlo cuanto antes. Si pasan más de cuatro años y seis meses desde el fallecimiento, quien reciba la herencia tendrá que pagar el impuesto de donaciones en lugar del de sucesiones, y suele salir más caro. Si renuncias no verás ni un duro, pero ya acabas de ver la forma de hacerlo sin perjudicarte a ti mismo ni a ningún tercero. Si la aceptas, vamos a ver cómo hacerlo teniendo que pagar lo mínimo.

De nuevo, existen dos formas principales de aceptar una herencia, pero en este caso sólo me gusta la segunda:

a. Aceptación pura: el heredero acepta todos los bienes y deudas de la herencia. Si hay deudas, responde con su propio patrimonio personal, aunque las deudas superen lo heredado.

b. Aceptación a beneficio de inventario: el heredero acepta, pero limita su responsabilidad a lo que vale la herencia. Sólo responde con los bienes heredados, no con su patrimonio personal.

Por ejemplo, si aceptas a beneficio de inventario una herencia con una casa de 100.000 euros y después aparecen deudas por 200.000 euros, sólo pagarás hasta 100.000. Si aceptas de forma pura, deberás pagar todo, incluso con tus propios bienes.

Cualquier heredero puede aceptar a beneficio de inventario, nadie se lo puede impedir. Una vez entendido esto, que es básico sobre las herencias, ya podemos volver a los impuestos. El siguiente paso es analizar qué conviene más fiscalmente: heredar o recibir una donación en vida.

¿ES MEJOR DONAR QUE HEREDAR?

En España hay unas ocho comunidades autónomas muy benevolentes con las herencias y donaciones de padres a hijos o nietos, con bonificaciones del 99 por ciento que, en la práctica, hacen que quien hereda no tenga que pagar apenas impuestos.

Sin embargo, pronto se va a producir lo que ya se ha bautizado como «la Gran Transferencia», es decir, el trasvase general de riqueza desde la generación del *baby boom* a las de sus hijos. Esto es porque mi generación (nací en 1996) es la primera que es más pobre que la de sus padres. Así, cuando nuestros padres mueran o quieran dejarnos cosas en donación, se moverán miles de millones de euros. Toda la banca se está preparando para esto y, por supuesto, Hacienda también.

Lo más probable, por tanto, es que poco a poco vayan introduciendo impuestos estatales que impidan este tipo de ventajas autonómicas, como las que ofrece Madrid respecto a Cataluña, por ejemplo. Por ello, mi consejo es que, cuanto antes puedas donar, mejor, porque si el sistema sigue por la misma deriva, como tiene toda la pinta, las sucesiones se encarecerán en toda España.

EL IMPUESTO DE SUCESIONES Y DONACIONES (ISD)

Ni el heredero ni el donatario pagan nada en IRPF en el momento de recibir la herencia; «sólo» pagan, en ambos casos, el Impuesto de Sucesiones y Donaciones (ISD). Si se trata de un inmueble, también pagarán la plusvalía municipal, salvo que pueda probarse la inexistencia de un incremento de valor del suelo.

El ISD suele oscilar entre el 7 y el 34 por ciento del valor que se va a heredar, pero se pueden aplicar bonificaciones, por suerte:

- Grupo I y II: hijos, padres, cónyuge. Prácticamente bonificado en toda España.

- Grupo III: hermanos, tíos, sobrinos. Pagan mucho más: no hay bonificación generalizada.
- Grupo IV: primos y no parientes. Son los más castigados.

Cuanto más lejano sea tu parentesco —o si ni siquiera lo tienes—, más pagas de impuestos y más te acercas al máximo del 34 por ciento: tíos, amigos, etcétera. Pero ¿sobre qué se tributa? Puedes ver el cálculo general en la tabla 9.1.

Tabla 9.1. ¿Sobre qué parte de una herencia se paga el impuesto?

CONCEPTO	QUÉ SIGNIFICA	EJEMPLO
Masa hereditaria neta	Todo lo que dejas a la persona (bienes y deudas)	200.000 € en bienes – 50.000 € en deudas = 150.000 €
Porción hereditaria individual	La parte que toca a cada heredero según el testamento o la ley	2 hijos: 150.000 ÷ 2 = 75.000 € cada uno
Base imponible	Lo heredado más los seguros de vida (si hay)	75.000 € + 25.000 € = 100.000 €
Reducciones	Descuentos legales (por parentesco, discapacidad, vivienda habitual, etcétera)	100.000 € – 15.000 € = 85.000 €
Base liquidable	Lo que queda después de las reducciones	85.000 €
Tarifa del impuesto	Se aplica un porcentaje progresivo (7-34 %) según lo heredado	85.000 € × 15 % = 12.750 €
Cuota íntegra	Resultado antes de ajustes	12.750 €
Coeficiente multiplicador	Se ajusta según parentesco (más lejano = más caro) y patrimonio previo	Hijo: × 1 = 12.750 € Primo: × 2 = 25.500 €
Cuota tributaria	Resultado tras aplicar el coeficiente multiplicador	Hijo: 12.750 € Primo: 25.500 €
Bonificaciones	Rebajas según la comunidad autónoma	Madrid (hijo): –99 % = 127,50 € Cataluña (primo): sin bonificación = 25.500 €
Total	El dinero real que llega a Hacienda	Madrid: 127,50 € Cataluña: 25.000 €

En el caso de una donación, el esquema es más simple: no hay reparto entre varios interesados ni reducciones de parentesco.

La fiscalidad cambia mucho según la comunidad autónoma, sobre todo por las bonificaciones en el ISD. Éstos son algunos ejemplos destacados, para bien o para mal, en 2026:

- **Andalucía:** reducción de hasta 1 millón de euros para herencias y donaciones entre familiares directos. Prácticamente exento para hijos, cónyuges y padres.
- **Asturias:** exento hasta 300.000 euros para hijos, pero, a partir de ahí, puede resultar muy caro.
- **Baleares:** bonificación del 100 por ciento en herencias entre familiares directos.
- **Canarias:** bonificación del 99,9 por ciento en herencias y donaciones, incluso a sobrinos o hermanos.
- **Cataluña:** bonificaciones limitadas, salvo en casos concretos. Sin planificación, puede salir muy caro.
- **Madrid:** bonificación del 99 por ciento para descendientes, ascendientes y cónyuge, tanto en herencias como en donaciones.
- **Comunidad Valenciana:** bonificación del 99 por ciento en herencias y donaciones para familiares directos.

Siempre conviene revisar la normativa, porque cambia rápidamente con cada gobierno, y tiene pinta de que, por la enorme y creciente capacidad de recaudación, así como de herencias y donaciones a causa de la inminente «Gran Transferencia», van a incluir peores condiciones a nivel estatal (la inseguridad jurídica a la que nos tienen acostumbrados).

¿Cuál es la comunidad autónoma de referencia para el pago del ISD? Aquella en la que viviera el fallecido los últimos cinco años antes de morir. Aquí no influye dónde vivan los herederos. Si hay bienes en varios países, el criterio principal es la residencia fiscal del fallecido. En España se tributa por obligación personal, y después se revisa si hay derecho a deducción por doble imposición con otros países.

En el caso de la donación de un inmueble, se aplica la normativa de la comunidad autónoma donde esté dicho inmueble, da igual dónde haya vivido antes el donante o el donatario; si se dona dinero u otros bienes muebles, se aplica la normativa de la comunidad autónoma donde resida el donatario en ese momento, y basta con que sea su residencia habitual real, no hay un mínimo legal de años exigido. Ojo con esto, porque Hacienda puede discutir la residencia si es un cambio ficticio o reciente.

LA PLUSVALÍA MUNICIPAL

Si lo que se hereda o dona es un bien inmueble urbano (por ejemplo, una vivienda, un local o un terreno), entra en juego la preciosa plusvalía municipal («Impuesto sobre el Incremento del Valor de los Terrenos de Naturaleza Urbana»).

El importe que se habrá de pagar resulta de aplicar el impuesto municipal a la base imponible. Lo que no suele saber la gente es que, desde 2021, puedes elegir dos métodos para elegir el que más te convenga y reducir impuestos:

a. **Método de plusvalía real:** diferencia entre el valor de adquisición y el valor de transmisión del terreno.
b. **Sistema objetivo:** el valor catastral del suelo multiplicado por los coeficientes establecidos, que varían año a año, casi siempre a peor.

Este impuesto siempre se devenga cuando hay transmisión de un inmueble, sea por venta, herencia o donación, salvo si se demuestra que no ha habido aumento de valor del suelo. Mucha gente cree que se tiene que comer este impuesto aunque no haya incremento de valor, pero no funciona así. Puedes presentar pruebas para quedar exento (o reducir mucho la cuantía), como la comparación entre la escritura de adquisición y la de transmisión, los gastos e impuestos pagados al comprar (notaría, registro, ITP o IVA), informes de tasación en que se vea que el estado ha empeorado y, en su caso, la evolución del valor catastral del suelo.

Pongamos un ejemplo: Bárbara compró un piso en 2019 por 240.000 euros, y en 2024 lo donó valorándolo en 210.000 euros, porque se encontraba en peores condiciones que en el momento de su compra, cinco años atrás. Bárbara conserva ambas escrituras y los gastos de compra. Al acreditarse que no sólo no hay ganancia, sino una pérdida, puede impugnar la liquidación del ayuntamiento y no pagar plusvalía, porque este impuesto no grava la transmisión, sino sólo el incremento de valor, lo que en este caso no existe. Quien debe pagar es quien adquiere la propiedad (el heredero en seis meses o el donatario en treinta días) al ayuntamiento donde esté situado el inmueble.

Los ayuntamientos casi nunca ofrecen bonificaciones en la plusvalía para donaciones, pero sí suelen hacerlo para herencias entre familiares directos. Es decir, heredar una casa de tu padre o tu madre puede tener descuentos en la plusvalía municipal según la ciudad (por ejemplo, una bonificación del 99 por ciento para hijos en algunos municipios), mientras que, si ese mismo piso te lo dona en vida, lo más probable es que no tengas ninguna bonificación y debas pagar la plusvalía íntegra. Tanto por plazo como por bonificaciones, el heredero suele tener más facilidades para disminuir la plusvalía que el donatario.

Una última consideración: aunque la mayoría de las comunidades han reducido en gran medida el impuesto de sucesiones para familiares directos, no descartaría una futura armonización estatal para patrimonios altos, como ya ha ocurrido con el Impuesto de Solidaridad de las Grandes Fortunas.

Mi consejo es: aprovecha mientras esté incentivado.

10

Optimización fiscal de donaciones y sucesiones

Antes de entrar en materia, lo primero que debes tener claro es que cualquier cantidad de dinero o bien que recibas de otra persona es una donación, y por ley debe tributar. Paga el impuesto quien recibe, y la cuantía que debe pagar es muy similar a la de las herencias.

Es decir, si te manda dinero un amigo, deberías pagar, en teoría, el 34 por ciento de impuestos sobre lo recibido. Por eso se arma tanto ruido en España cada vez que sale un titular del estilo «Hacienda pone el foco en los pagos por Bizum y va a controlar cada transferencia». En la actualidad, los bancos dan información completa de todo el dinero que los autónomos y empresarios reciben en sus cuentas.

Si no eres ni autónomo ni empresario, sólo informará de las transacciones que hagan saltar las alarmas. Por ahora, Hacienda no tiene medios ni interés en meterse en esas donaciones entre particulares: nadie declara regalos de 20 euros o de boda. En cambio, si la cantidad es importante o llama la atención de Hacienda, puede reclamarte el impuesto más una sanción. Por lo que no tendrás problema es por el dinero que les mandes a tus hijos para su manutención, ya que es una obligación paternofilial contemplada en el Código Civil, aunque deberás poder justificarlo si mañana te lo requiere el sistema.

Con lo que sí debes tener especial cuidado es con las donaciones de bienes inmuebles o transferencias bancarias elevadas (3.000, 5.000, 10.000 euros o más), porque es muy fácil que Hacienda lo detecte. Además, siempre tienes que poder justificar de dónde sale el dinero que recibes.

Por ello, si pretendes donar algo a un hijo o nieto, que es el caso más común, si es una cantidad significativa (miles de euros) o un inmueble o similar que deja rastro y está identificado, te recomiendo que lo declares siempre, ya que tu hijo o nieto sólo pagará ISD, que está muy bonificado en la mayoría de las comunidades autónomas. Otra opción es ir pagando en efectivo la mayoría de los gastos de tu hijo, para así permitirle a él ahorrar dinero con su trabajo y justificar el origen si el día de mañana se compra una casa o coche con sus ahorros.

DINERO EN CASA

SIN LÍMITE
(si es lícito)

Riesgo real de pérdida total
ante incendio o robo.
No rentabiliza ni diversifica

VIAJAR AL EXTRANJERO

HASTA 10.000 €
sin declarar

MÁS DE 10.000 €
DECLARAR (S1)
Avión, barco, coche,
cualquier frontera

MOVERTE POR ESPAÑA

HASTA 100.000 €
sin declarar

MÁS DE 100.000 €
DECLARACIÓN PREVIA
OBLIGATORIA

PAGOS EN EFECTIVO

EMPRESARIO/PROFESIONAL
Límite de 1.000 €
PARTICULARES
Sin límite
NO RESIDENTES
Límite de 10.000 €

MULTA 25 %
Por incumplir (ambas partes)

INGRESO EN EFECTIVO

ALERTAS A HACIENDA
(puede pedir justificar origen)

Billetes de 500 €
Ingresos > 3.000 €
Operaciones > 10.000 €

RETIRADA DE EFECTIVO

A PARTIR DE 1.000 €
identificación obligatoria

RETIRADAS GRANDES
El banco puede exigir
aviso previo

Lo importante siempre es que quien recibe el dinero pueda justificar el origen. Decir «Me lo dio mi amigo» o «Me lo dio mi padre» no es una justificación si no se han pagado impuestos por ello como donación, por ser una cantidad grande de efectivo. Si no lo haces, te expones a recargos y sanciones que pueden llegar hasta el 150 por ciento de lo no pagado

DONAR EN VIDA: PROS Y CONTRAS

Seguramente te estés preguntando si conviene más donar bienes y dinero en vida o es mejor dejarlo todo para después del fallecimiento. Lo mejor de donar en vida es que te da más control, ya que puedes supervisar el reparto y asegurarte de que tu patrimonio termina donde deseas mientras estás presente. Además, la persona a la que donas disfruta antes del objeto, ya que afortunadamente no tiene que esperar a que mueras. De hecho, podéis disfrutarlo juntos. A mí me encantaría ver a mi futuro hijo entrando en la nueva casa o coche que le doné, si se lo ha ganado. Al donar en vida, tú decides qué bien va a quién y cuándo.

Además, si tu comunidad autónoma ofrece bonificaciones específicas para donaciones (por edad del hijo, por donación de empresa familiar, etcétera), puedes aprovecharlas hoy sin esperar al futuro. Ojo: si haces varias donaciones en un pequeño lapso de tiempo (treinta y cinco años, dependiendo de la comunidad), se tendrán en cuenta como si hubiera sido sólo una para calcular el tipo impositivo. No hay diferencia entre los tipos impositivos al donar o heredar, pero, de nuevo, hay comunidades que bonifican más una que otra.

El donatario pagará el ISD según lo recibido; el donante podría tener que pagar también IRPF, si ha aumentado el valor del bien donado, porque Hacienda considera la donación como una venta a valor de mercado. «¿Si he donado una casa soy yo el que paga impuestos como donador?» Sí, y esto es lo que debes entender para tomar decisiones más inteligentes.

Si tienes patrimonio inmobiliario y te planteas adelantar la herencia donando una vivienda a tus hijos, dale una vuelta para optimizarlo al máximo. Donar un inmueble te obliga a tributar por IRPF como si lo vendieras a valor de mercado (aunque no cobres nada), salvo que entres en la exención de mayores de sesenta y cinco años con vivienda habitual que ya hemos explicado. Además, tus hijos pagarían ISD (con posibles bonificaciones, según la comunidad autónoma).

En cambio, si tus hijos esperan a heredar una vivienda habitual, en muchas comunidades gozan de bonificaciones potentes (hasta casi el 99 por ciento) en el ISD, con lo cual no pagan nada casi, y en IRPF no hay tributación por tu parte (¡porque estarás muerto, que si no...!). Esto es lo mejor de todo: a efectos fiscales, como heredero adquieren gratis el objeto por su valor actual..., y nadie ha pagado por la revalorización. Es decir, si más adelante lo venden, pagarán mucho menos IRPF que si lo hubieran comprado en la época que lo compraste tú, porque el valor anterior de casi cualquier activo casi siempre fue menor en el pasado que ahora.

Pongamos el ejemplo con una acción de Inditex. Hace veinte años valía 4 euros, ahora vale 40 euros. Si la hubieras comprado tú hace veinte años y la vendieses mañana por 41 euros, pagarías el 19 por ciento de impuestos sobre la diferencia (37 euros), o sea 7 euros. En cambio, si la heredas hoy y la vendes mañana, sólo pagas impuestos por la diferencia entre 40 y 41 euros, es decir, por esa ganancia de 1 euro, y el 19 por ciento de 1 euro son 19 céntimos. Si fueran mil acciones, te ahorrarías miles de euros en impuestos.

Por el contrario, con una donación en vida, el receptor la adquiere con un valor que puede ser el mismo, pero el donante ya pagó la plusvalía en su IRPF en el momento de la donación, a diferencia que el que deja algo en herencia, que no paga nada.

Mi consejo aquí es por tanto: planifica bien qué valor le vas a dar a los bienes en la herencia. Deben ser valores de mercado, sí, pero te compensa subirlos dentro de los márgenes legales para después pagar menos en renta cuando vendas. De hecho, así es como lo he planificado con clientes y como recomiendo hacer a casi todo el mundo en caso de transmisiones de padres a hijos.

Cómo aumentar el valor del bien recibido para una herencia

Ahora vamos a ver cómo puedes ahorrarte fácilmente unos 20.000 euritos en impuestos. Se trata de una estrategia que dividiremos en tres breves fases:

1. Herencia y valoración de los bienes

Cuando heredas, debes asignar un valor a cada bien (vivienda, terrenos, acciones) para liquidar el ISD. Como decíamos, ese valor debe ser de mercado (el real en ese momento). La Administración puede revisarlo si considera que has puesto un valor muy bajo; si es alto, no suele revisarlo, siempre que no te pases.

2. Efecto en el IRPF al vender después

Si vendes ese bien en el futuro, pagarás en tu IRPF por la ganancia patrimonial:

Ganancia = precio de venta – valor de adquisición

El valor de adquisición será el que pusiste en la herencia.

3. Estrategia

a. Si en la herencia declaras un valor bajo, pagarás menos ISD ahora, pero cuando vendas tendrás más ganancia y, por tanto, más IRPF.
b. Si declaras un valor más alto (dentro de lo razonable de mercado), pagarás algo más en ISD, pero después tu ganancia en IRPF será menor, y pagarás menos en el futuro.

Sin embargo, piensa que el ISD está muy bonificado en casi toda España, por lo que te compensa mucho más pagar 4 euros más de ISD hoy a cambio de no pagar mucho en IRPF mañana.

Vamos a verlo con un ejemplo práctico. Supón que heredas una vivienda cuyo valor de mercado son 300.000 euros:

a. Si en la herencia la valoras por 200.000 euros y la vendes por 300.000 euros: pagas menos ISD ahora y tu ganancia es de 100.000, por lo que tributa en IRPF (19-30 por ciento). Pierdes más de 20.000 euros.

b. Si en la herencia la valoras por 300.000 euros y la vendes por ese mismo precio: pagas más ISD ahora, pero tu ganancia es 0 euros, no tributas en IRPF.

Así puedes ahorrar decenas de miles de euros. Por resumir, si sabes que el ISD está bonificado, es absurdo empujar los valores hacia abajo, porque no te ahorras nada ahora y luego tendrás un palo en el IRPF. Sé inteligente y ahorra impuestos como un profesional, aunque ahora pagues medio euro más. En el futuro le darás las gracias a tu yo del pasado... ¡y espero que a mí!

En conclusión: heredar es ventajoso para la mayoría de los patrimonios normales, pero, en casos particulares (por ejemplo, transmisiones de empresas, donaciones de dinero, etcétera), conviene analizar si no sería mejor alguna fórmula en vida.

PLANIFICACIÓN SUCESORIA OPTIMIZADA

En la vida siempre hay varias formas de hacer las cosas. Está la tradicional, la que sigue todo el mundo, pero no por ello es la mejor, y luego están los caminos paralelos. Buscar esos caminos es una de las cosas que más disfruto en mi trabajo, como esta estrategia de blindaje para pagar los mínimos impuestos que voy a contarte a continuación.

Donar la nuda propiedad y reservar el usufructo

Ésta es una técnica efectiva para donar inmuebles en vida o adelantar herencias que consiste en desmembrar el dominio y donar sólo la nuda propiedad (la «titularidad desnuda») de, por ejemplo, tu casa, y quedarte tú el usufructo vitalicio (el derecho a usarla o alquilarla mientras vivas).

¿Qué logras? Que el valor fiscal de lo donado sea mucho menor, y que ambas partes paguen, por tanto, menos impuestos de lo que pagarían en el caso de una donación normal (aunque depende de tu comunidad autónoma, y es importante que revises si su ISD es el óptimo para tu caso).

La clave aquí es que la nuda propiedad de una casa vale bastante menos que el pleno dominio, como aprendiste en el apartado de inmuebles. El impuesto de donación para el receptor será más bajo, ya que sólo se valora esa nuda propiedad, y para el donante también el IRPF será inferior a lo normal, al haber menos revalorización.

El donante sigue viviendo en la casa o percibiendo rentas de ella de por vida, y al fallecer, el hijo consolidará la plena propiedad. Es otra forma de adelantar una parte en vida.

Haz testamento, no seas tonto

Un testamento claro asegura que se apliquen correctamente reducciones y voluntades, evita líos de herencias intestadas y te permite diseñar el reparto de forma óptima. En cuanto tengas algo mínimamente relevante que quieras legar a alguien que quieras, hazlo. La vida son dos días y, lamentablemente, el segundo suele llegar antes de lo que esperamos.

Por ejemplo, puedes dejar la vivienda habitual al cónyuge usufructuario y la nuda propiedad a los hijos, de modo que el cónyuge se beneficie de la exención de vivienda habitual y los hijos difieran el impuesto a cuando fallezca el padre o la madre. Así de sencillo.

Haz donaciones escalonadas

En lugar de donar un gran valor de golpe, fracciona las donaciones a lo largo de varios años. Muchas comunidades autónomas tienen tramos progresivos: hacer cinco donaciones de 100.000 euros cada una en quince años puede salir más barato que donar o heredar 500.000 euros de una vez, porque cada parte aprovecha tramos bajos.

Eso sí, cuidado con las donaciones hechas entre tres y cinco años antes de fallecer, porque pueden ser contabilizadas al calcular la herencia, como ya dijimos.

Traslada la residencia fiscal a una comunidad autónoma barata

Hay familias con pasta que cambian su residencia fiscal unos años antes de la sucesión a regiones con impuestos bajos (como Madrid, por ejemplo). Pero, cuidado, porque cuenta el lugar donde has residido más tiempo durante los últimos cinco años.

Por ejemplo, si una persona reside los últimos cinco años de su vida en Madrid, su herencia pagará según Madrid (bonificada al 99 por ciento). Hacienda vigila que el cambio sea real y no fingido o ficticio.

Usa las herencias en vida (pactos sucesorios)

Hemos citado por encima el caso de Cataluña, pero también en Baleares, Aragón, Galicia y otras regiones con derecho civil especial existen figuras de herencia pactada en vida, llamadas a veces «pactos sucesorios». No puedo entrar en cada una de ellas porque son cosas específicas que varían cada año, pero permiten transmitir bienes en vida con el trato fiscal de una herencia. Si vives en una comunidad con esta posibilidad, infórmate, porque puede ser la clave para ti: te deja planificar en vida, pero pagando menos impuestos como si fuera *mortis causa*.

Documenta las relaciones extraordinarias

Si tienes a cargo a una persona mayor con parentesco lejano (por ejemplo, tu tía), o convives con amigos, explora opciones para reconocer ante notario esta relación especial para que se puedan aplicar incentivos similares a los de relaciones cercanas. Por ejemplo, en Cataluña existe la figura de «relación convivencial de ayuda mutua» que permite reducir carga impositiva.

OPTIMIZA IMPUESTOS CON LA EMPRESA FAMILIAR

Como escribí antes, es muy difícil sobrevivir varias generaciones sin que la riqueza familiar se dilapide. La causa es multifactorial: herederos que no curran con inteligencia o directamente lo derrochan todo, los impuestos, los cambios en el mercado... Éstas son variables que no siempre puedes controlar, pero yo siempre me centro en lo que sí está en mis manos, porque eso es lo que me permite tener la conciencia tranquila.

Por ello, te presento la vía óptima para dejar enormes cantidades de dinero en herencia: la empresa familiar. Éste es un régimen pensado para familias empresarias o, al menos, con muchos activos que buscan una forma de vehiculizarlos para poder transmitirlos reduciendo al máximo la carga impositiva.

Esto tiene tres beneficios principales:

- **Exención en el IP.** Las participaciones en empresas familiares tienen una exención total en el impuesto sobre el patrimonio.
- **Reducción en el ISD.** La transmisión de participaciones en empresas familiares goza de una reducción mínima del 95 por ciento y hasta el 99 por cierto en la base imponible del ISD así que difícilmente pagarás un duro al recibir estas participaciones.
- **Neutralidad en el IRPF del transmitente en donaciones.** En el caso de donaciones de participaciones de empresa familiar, no se genera ganancia patrimonial en el IRPF

del donante —siempre que se cumplan los requisitos legales—, lo que permite transmitir la empresa a la siguiente generación mientras estás vivo sin impacto fiscal para ti, lo que es la leche.

Llegados a este punto, conviene aclarar algo esencial: no existe una «empresa familiar» como tipo societario especial que se cree marcando una casilla en el Registro Mercantil. Una empresa no nace siendo familiar, sino que se convierte en empresa familiar cuando, en un momento determinado, cumple los requisitos fiscales exigidos por la ley. Por tanto, al constituir la sociedad no hay que hacer nada raro desde el punto de vista formal, pero sí es fundamental diseñarla desde el inicio para que pueda cumplir esos requisitos cuando llegue el momento de aplicar el régimen.

En la práctica, esto implica que la sociedad debe estar pensada como una empresa real, con una actividad económica clara y sostenida en el tiempo. Lo dicho, nada extraño.

Los estatutos sociales pueden ser los habituales de una sociedad limitada o anónima, aunque es recomendable prever una estructura de participaciones coherente con el control familiar y, en muchos casos, introducir cláusulas que faciliten la transmisión dentro del núcleo familiar y eviten la entrada de terceros no deseados cuando el objetivo es la continuidad generacional.

Si eres un autónomo con muchos ingresos de tu actividad y una familia a la que transmitir dicho negocio que, de momento, no está bien ordenado: es clave que traslades tu actividad a una sociedad operativa, de la que pasarás a ser socio y administrador o directivo.

A nivel de participación, debes tener al menos el 5 por ciento del capital de forma individual o, alternativamente, un 20 por ciento de forma conjunta con tu cónyuge, ascendientes, descendientes o familiares colaterales hasta segundo grado.

Esta participación no puede ser simplemente simbólica: debe reflejar un control real sobre la empresa y así realizar funciones de dirección en ella que deben estar pagadas y la remuneración obtenida por ellas debe representar al menos el 50 por ciento de la totalidad de tus rendimientos empresariales, profesionales y de trabajo personal.

La sociedad debe ejercer una actividad económica, no siendo válidas las sociedades cuya actividad principal consista en la mera gestión de un patrimonio mobiliario o inmobiliario que es la mítica jugada que no funciona luego.

En el caso concreto de actividades de arrendamiento de inmuebles, se exige que exista al menos una persona empleada con contrato laboral y a jornada completa para que la actividad se considere económica.

Vamos, que la sociedad no puede ser una patrimonial (sociedad sin actividad que simplemente posee inmuebles o acciones para que el dueño las tenga ordenaditas).

Una vez transmitidas las participaciones, el heredero o donatario debe mantener los requisitos durante un plazo mínimo de cinco años, salvo que la normativa autonómica aplicable establezca un período distinto. Esto significa que la empresa debe seguir funcionando como tal y que el relevo generacional no puede ser ficticio. Por ello, siempre que quieras montar una infraestructura societaria interesante para ahorrar impuestos debes apostar por el holding o por la empresa familiar, cada una con sus respectivas ventajas.

Sin embargo, la sociedad patrimonial, de la que tanto oímos hablar a los *influencers* en las redes sociales, no sirve prácticamente para nada más que para tener todo junto y separado del nombre personal. No es poca cosa: siempre puede interesarle a un empresario, porque, de este modo, si la lía sin mala fe, los activos que guarde la patrimonial estarán protegidos de los acreedores. Un empresario —y cualquier persona— siempre debe diversificar riesgos y separar las cosas de su persona física.

Con esto terminamos el bloque sobre herencias y estamos listos para pasar a mi bloque favorito: los impuestos en las inversiones y cuáles son las más incentivadas actualmente en España, de tal manera que puedas estar durante décadas e incluso una vida entera acumulando capital y beneficiarte del efecto del interés compuesto sin pagar nada de impuestos.

Además, esto vale para absolutamente todo el mundo, porque puede hacerse a partir de 1 euro. Me encanta la inversión en activos financieros porque me permite reinvertir los excedentes que no puedo aprovechar en mi negocio y diversificar sin tener que dedicar demasiado tiempo. Sí se lo dediqué en el pasado para aprender la estrategia —y porque me encanta aprender—, hasta el punto de que he creado un programa avanzado sólo sobre este tema, que ahora te voy a transmitir condensado, para que evites los errores que cometí yo.

QUINTA PARTE

INVERSIONES

11

Inversión financiera

«Amigo, nuestro sistema fiscal está hecho para ricos.» Me lo dijo un exgestor de fondos privados en un restaurante de Londres, mientras se comía un arroz con bogavante que tenía bastante que envidiar al marisco que como al lado de casa de mis padres en La Coruña por la mitad de precio. Y continuó: «La gente se cree que es al revés. Que les perjudica... A quienes más dinero presente extrae nuestro sistema es a la clase media».

Así es. Los ricos de verdad —y no los que dice Hacienda que lo son por ganar 60.000 euros al año— no ganan el dinero trabajando. La mayor parte proviene del dinero que tienen en acciones (de su empresa u otras), de alguna venta de negocios y de sus propiedades inmobiliarias. Y este dinero que proviene de las inversiones paga muchos menos impuestos que el procedente del trabajo y, encima, no se aplican las cotizaciones sociales.

Con respecto a las rentas del trabajo, la diferencia entre los ingresos brutos y netos no va a parar de incrementarse con el paso del tiempo a través de diferentes impuestos y pseudoimpuestos que se vayan inventando. En el caso de las inversiones, esa brecha es mucho menor.

Pero te diré más: no invertir es imposible. Como lo oyes. Esto es así porque, cuando no inviertes en otra cosa, lo que estás haciendo es invertir en euros. Y es una inversión que, frente a los bienes de consumo, tiene una rentabilidad negativa porque no para de devaluarse, como vimos en los capítulos introductorios sobre la naturaleza de los impuestos y la inflación. El dinero se gana trabajando, pero su poder adquisitivo se mantiene e incluso mejora invirtiendo.

Por tanto, invertir es comprender los incentivos cortoplacistas de los políticos, a quienes les interesa la inflación sin importarles la devaluación de la moneda en el largo plazo, porque esto les facilita la vida mientras gobiernan ellos y, después, ya vendrá otro. Comprendemos estos incentivos, y apostamos a que continuará ocurriendo así para siempre, lo que nos protege y nos permite surfear la tendencia. Esa apuesta consiste en invertir en activos escasos y protegernos de los cisnes negros. Me ha obsesionado tanto este tema en los últimos años que creé un programa de inversión fiscalmente optimizada (PIO) que voy abriendo por ediciones. (Si te interesa, apúntate gratis a mi *newsletter* aquí <https://leyesdeljuego.es/>.)

Antes de entrar en materia, conviene recordar brevemente dónde tributan tus ingresos por inversión en el IRPF.

Base general: salarios, pensiones, alquileres de inmuebles, ingresos por actividades económicas, etcétera. Se grava con un tipo progresivo alto, que puede llegar hasta el 54 por ciento (dependiendo de la comunidad autónoma; la que más penaliza es Valencia).

Base del ahorro: rendimientos de inversiones financieras y ganancias de patrimonio, con su escala de gravamen, más reducida (véase la tabla 11.1)

Tabla 11.1. Escala de gravamen del IRPF: base del ahorro

BASE DEL AHORRO		
Ganancias totales		Tipo aplicable
Desde	Hasta	
0 €	6.000 €	19 %
6.000 €	50.000 €	21 %
50.000 €	200.000 €	23 %
200.000 €	300.000 €	27 %
Más de 300.000 €		30 %

Absolutamente todo lo que veremos en este apartado tributa en la base del ahorro y, por tanto, menos que tu trabajo y sin pagar seguridad social, lo que reduce la brecha entre ganancia bruta y neta.

¿De qué activos hablaremos? En la tabla 11.2 puedes ver la evolución de los principales activos desde el año 2000 hasta 2025 sin tener en cuenta la inflación (multiplicador nominal) e incorporándola (multiplicador real). No se incluye el Bitcoin porque tiene menos recorrido histórico.

Tabla 11.2. Evolución de los principales activos (2000-2025)

ACTIVO	MULTIPLICADOR NOMINAL	MULTIPLICADOR REAL
Oro	9,70	5,28
S&P 500	5,30	2,89
Nasdaq 100	5,25	2,86
MSCI World	3,70	2,01
IBEX 35 Total Return	3,60	1,96
Vivienda Madrid	3,20	1,74
Petróleo	2,25	1,22
EuroStoxx 50	2,20	1,20
Inflación acumulada	1,84	—
Efectivo (euro)	1	0,54

Como ves, lo que más subido ha sido el oro y, después, el índice S&P 500, que son las quinientas empresas con mayor capitalización bursátil de Estados Unidos. La inflación, por su parte, se multiplicó por 1,84, casi el doble. Es un detalle importante, porque tenemos bastante menos de la mitad de poder adquisitivo con los mismos euros (y con dólares, aún peor). Si en el año 2000 tenías 10.000 euros, en poder adquisitivo real hoy equivalen a 5.000 euros o menos.

Para todas las decisiones monetarias de nuestra vida deberíamos basarnos en datos, y por eso estos dos activos (oro y S&P 500) son muy atractivos: con ellos tenemos más datos que con casi cualquier otro, porque el oro tiene miles de años de historia y el S&P 500 es el índice con mayor histórico rentable que existe ahora mismo. Las criptomonedas como bitcoin, ether y otras han dado más rentabilidad, pero tienen muchísimo menos histórico. No obstante, siempre tiene sentido invertir una parte en ellas por pura opcionalidad y antifragilidad.[7]

QUÉ ES INVERTIR Y QUÉ ES UNA ACCIÓN

Vivimos en una época en la que, desde el sofá de tu casa, puedes ser propietario de las mayores empresas del planeta desde 1 euro. ¿Es acaso racional no aprovechar esto? No hay nada más irracional que tener tal aversión al riesgo que no inviertas en ningún activo aparte de en euros, porque esto sí supone *per se* un riesgo enorme: estás expuesto por completo a una única moneda, y todo lo que ocurra con ella vendrá determinado por las decisiones de políticos irresponsables y cortoplacistas.

Por ello, mejor será coger alguno de estos papelitos y cambiarlos por una pequeña parte de propiedad en una empresa, o incluso en 1.600 a la vez, con el mismo billete de 20 euros, ¿no? Sobre todo, teniendo en cuenta que la rentabilidad será exponencial, al poder hacerlo sin pagar impuestos durante décadas. Veamos a continuación el contexto sobre qué son las acciones y cómo te permiten ser el dueño de un poco de Microsoft, de Apple o del Banco Santander.

¿Qué es el capital social?

Es el dinero o los bienes que los socios aportan al crear una empresa, y que sirve como base mínima de seguridad económica de

---

7. Concepto acuñado por Nassim Taleb para referirse a la propiedad de aquellos sistemas, organismos o estructuras que no sólo resisten el estrés, el desorden o la volatilidad, sino que mejoran gracias a ellos. Véase Taleb, N., *Antifrágil: las cosas que se benefician del desorden*, Booket, Barcelona, 2016. (*N. de la e.*)

la sociedad. Puede ser en dinero (transferencia bancaria) o en bienes que se valorarán en dinero (un coche, un local, maquinaria, etcétera) y sirve para dar confianza a terceros (bancos, proveedores) y proteger a los socios, ya que su responsabilidad queda limitada a ese capital (por eso se llaman «sociedades limitadas»).

Este capital social se divide en acciones o, dicho de otra manera, una acción es cada una de las partes en que se divide el capital social de una empresa. Cada acción representa un porcentaje de propiedad de la compañía, y tenerlas te da determinados derechos, como votar en las juntas y cobrar dividendos si se reparten. Cuantas más acciones tengas, mayor es tu participación y tu influencia en la empresa. Por resumirlo: una acción es un «trozo» de la empresa que puedes comprar o vender.

Hay dos formas principales de ganar dinero con acciones:

- Dividendos: la empresa reparte una porción de sus beneficios entre los accionistas, y suele hacerlo de forma periódica. Por ejemplo, Inditex reparte un dividendo del 1 por ciento del valor de las acciones dos veces al año. Es decir: si tienes 10.000 euros en sus acciones, te pagará 100 euros dos veces al año.
- Plusvalías: se obtienen al vender una acción más cara de lo que la compraste (ganancia por revalorización en bolsa). Por ejemplo: compras una acción de Apple por 100 euros y la vendes por 150, por lo que ganas 50 euros.

Así de sencillo. La compraventa se puede hacer a través de tu banco tradicional, que te cobrará una comisión absurda en la mayoría de los casos, o te venderá sus productos de inversión con rentabilidades totalmente reducidas por las comisiones. También se puede hacer a través de neobancos con comisiones mucho más bajas, pero suelen tener una peor atención al cliente o una mayor dificultad de uso. Aunque puedes elegir el que quieras o combinar ambos, en mi caso utilizo los bancos tradicionales para las operaciones que no cubren los neobancos (como la concesión de hipotecas). Para el resto, prefiero los neobancos.

Compraventa de acciones

Cuando se venden acciones, se puede tener un beneficio o una pérdida en función de la diferencia entre el valor de adquisición (cuando se compran) y el valor de transmisión (cuando se venden). En el IRPF, este resultado se considera ganancia o pérdida patrimonial, y se incluye en la base imponible del ahorro en el año fiscal en el que se realiza la venta. Ojo: si *holdeas* (si no vendes), no tributas. Las variaciones de valor de la acción sólo se hacen efectivas en el momento en que se vende la acción. Por tanto, si se mantiene la inversión, no hay que declarar los incrementos o disminuciones en el valor de las acciones (y con las criptomonedas es exactamente igual).

Dividendos de acciones

Los dividendos son parte de los beneficios que una empresa distribuye entre sus accionistas de forma proporcional al número de acciones que éstos poseen. Tributan en la base del ahorro (19-30 por ciento), ya sean dividendos de Apple, de Amazon, del Santander o de tu propia empresa.

En el caso de las criptomonedas, es el equivalente al *staking*. Tú tienes la cripto depositada y te va dando intereses (que pueden ser en dinero o en el propio token), y esos intereses tributan en la base del ahorro. Los dividendos tienen una cosa muy buena, y es que te dan un *cash flow* constante, como un alquiler. Cada trimestre, o incluso cada mes, si inviertes en diversas empresas, puedes recibir un pago en tu cuenta.

Sin embargo, esta misma virtud es su mayor defecto en cuanto a fiscalidad, ya que cada vez que te pagan el dividendo pagas entre el 19 y el 30 por ciento de impuestos por ellos. El problema de esto es que se lleva una parte del pastel del interés compuesto. Lo veremos cuando hablemos de los fondos indexados, pero dejo ahí el apunte para tu reflexión, porque seguro que ya intuyes por qué ocurre esto.

INSTRUMENTOS DE RENTA FIJA

Mi padre tiene un par de amigos con bastantes ahorros, pero que los tienen parados en el banco por su alta aversión al riesgo. Hablamos de personas mayores de sesenta y cinco años que, a lo largo de su vida, han llegado a ahorrar cientos de miles de euros. Con ese dinero pueden hacer tres cosas: dejarlo parado en un banco tradicional, depositarlos en una cuenta remunerada o prestárselo al Estado:

- **Letras del Tesoro:** son valores emitidos por el Tesoro Público español. Básicamente, estás comprando deuda de España para ayudarla a financiar el gasto público. Las letras son emitidas con un vencimiento igual o inferior a un año (tres meses, seis, doce). Tras ese período se entrega un interés. Ahora están muy de moda porque, para el poco riesgo que tienen, pagan intereses bastante altos (aunque siguen por debajo de la inflación).
- **Bonos y obligaciones del Estado:** son iguales a las Letras del Tesoro, salvo en el plazo. Los bonos se emiten a tres y cinco años, mientras que las obligaciones tienen un vencimiento superior a los cinco años.

También hay bonos de empresas privadas o de otros países que no sean España. En estos casos, siempre en función de la solvencia del emisor del instrumento, menor o mayor será el riesgo. Si lo emite un Estado como Alemania, que nunca ha incumplido los pagos, es muy fiable; si lo hace una empresa pequeña o un país diminuto que ya ha incumplido en el pasado, no será tan seguro.

También podríamos incluir en este apartado, según diversos autores, productos como el depósito bancario, un producto de ahorro donde el cliente entrega una determinada cuantía a un banco durante un tiempo estipulado entre ambas partes. Pasado el plazo, la entidad devuelve el dinero al cliente junto con la rentabilidad pactada.

Como verás, en todos ellos prestas o depositas un dinero en

una entidad y, al cabo de un tiempo pactado (vencimiento), te devuelven dicho capital más unos intereses (cupón). Absolutamente todos tributan en la base del ahorro como rendimientos del capital mobiliario por los intereses obtenidos (del 19 al 30 por ciento). Es decir, si inviertes 1.000 euros en una letra del Tesoro, un bono o un depósito, y al cabo de un tiempo obtienes 1.100 euros, pagarás IRPF en la base del ahorro por los 100 euros de ganancia obtenida. Como es obvio, los 1.000 euros que te han devuelto no suponen ninguna ganancia y, por tanto, no tributan.

Por último, como productos bancarios de poco riesgo tenemos también las cuentas remuneradas, que son cuentas de ahorro que te van pagando un interés diario o mensual por tener el dinero depositado en ellas. Puedes retirar tu dinero e intereses obtenidos en el momento que te dé la gana. Por la misma rentabilidad, son sin duda el mejor producto, por su mayor liquidez. Si ganas 500 euros al mes por intereses de una cuenta remunerada, son 6.000 euros al año y pagarás el 19 por ciento de IRPF por ellos.

En España hay cuentas de neobancos que se han hecho muy famosas por dar rentabilidades que multiplican por diez las de otros bancos tradicionales. Esto no es muy difícil, ya que los bancos tradicionales, o no te dan nada por tener tu dinero en ellos, o te dan algo irrisorio, como el 0,1 por ciento TAE. Ojo: es importante que operes siempre con neobancos y bancos cuyos fondos estén protegidos por el Fondo de Garantía de Depósitos. Esto permite que los primeros 100.000 euros por titular estén cubiertos. Está financiado por las propias entidades mediante aportaciones obligatorias —no por el Estado directamente— y actúa como red de seguridad para que los depositantes recuperen su dinero dentro de ese límite si la entidad entra en insolvencia.

Hay un caso concreto que quiero comentar: el de las cuentas en el extranjero de neobancos sin sede en España que «almacenan» tu dinero en otro país. Estas cuentas no te retienen el dinero en origen, es decir, que te paga todo directamente, y serás tú quien deba declararlo en la renta. Es un mero trámite, pero si te da pereza por lo que sea, quizá te venga mejor hacerlo con una española. No olvides que Hacienda sabe perfectamente lo que ganas con tus acciones, aunque estén en el extranjero, y lo mismo con las criptomonedas si están en plataformas y casas de cambio típicas. Todas ellas comparten información con Hacienda —o lo harán si ésta se lo exige—, así que mucho ojo con no declararlo, porque lo más probable es que te pillen.

FONDOS MONETARIOS

Existe otra cosa distinta a las cuentas remuneradas, pero que la gente confunde entre sí, porque muchas plataformas los anuncian diciendo «Mantén aquí tu dinero remunerado», sin decir a las claras lo que son hasta que entras en el producto. Se trata de los fondos monetarios, cuya función es la misma que la de las cuentas remuneradas, pero con una rentabilidad ligeramente superior, por lo general.

Un fondo monetario es un instrumento de inversión colectiva que invierte en activos del mercado monetario: instrumentos financieros de bajo riesgo, alta liquidez y vencimiento a corto plazo. Es un activo de poco riesgo que se suele usar como fondo de emergencia o cuando estás a la espera de efectuar una inversión más arriesgada.

En esencia, son mejores que tener el dinero parado en el banco, pero peores que casi cualquier otra alternativa. Sus características, en el caso de los fondos domiciliados en España y sujetos a sus leyes, son las siguientes:

- Invierten sólo en activos monetarios como deuda pública y renta fija privada a corto plazo de alta calidad y depósitos bancarios.
- Casi siempre vencen sus activos, como muy tarde, al cabo de entre seis meses y un año. Por ley, deben vender antes de dos años al menos el 90 por ciento de sus activos.
- Son muy líquidos: permiten recuperar el capital en el corto plazo y están obligados a tener suscripciones y reembolsos con frecuencia diaria.
- No pueden estar expuestos a otras divisas extranjeras.

- Su nivel de riesgo es bajo y, por tanto, reportan pocos beneficios. Suelen dar un poco más de rentabilidad que las cuentas remuneradas, la cual oscila a diario. Es importante fijarse siempre en que sean de riesgo 1/7 (el mínimo).

Por norma general, los que mayor rentabilidad dan son los que tienen exposición a menor calidad crediticia y, por tanto, asumen más riesgo. Recuerda, estas normas se aplican a fondos domiciliados en España, como MyInvestor o Indexa Capital. Los fondos domiciliados fuera de España sí pueden estar expuestos a otras divisas y tener otras condiciones. Por lo demás, funcionan como cualquiera de los fondos que veremos en el siguiente apartado, el de renta variable.

INSTRUMENTOS DE RENTA VARIABLE

Seguro que alguna vez has oído en las noticias algo como: «El IBEX 35 subió ayer 120 puntos». Lo oímos a diario, pero no entendemos por qué baja o sube. La razón es que se trata de un índice compuesto por acciones de múltiples empresas cuyos valores varían cada día. Un índice es, básicamente, una foto general del comportamiento de un conjunto de empresas.

En lugar de comprar acciones una a una —por ejemplo, las 35 del IBEX o las 500 del S&P, algo complejo, caro y poco práctico—, se construye una fórmula matemática que agrupa esas empresas y las pondera (normalmente por tamaño o capitalización). Cada euro «teórico» del índice se reparte entre las empresas según ese peso. El resultado es una diversificación automática.

Pero aquí está el matiz importante, que suele omitirse: no se puede invertir directamente en un índice. El índice no es un producto financiero, es sólo un indicador. No tiene dinero dentro, no compra ni vende nada y no «posee» empresas. Es simplemente un número, expresado en puntos, que refleja la evolución media del conjunto de compañías que lo componen.

Para invertir en ellas, necesitas hacerlo a través de un fondo de inversión o un ETF (*Exchange Traded Fund*). Cuando inviertes en un fondo indexado o en un ETF, lo que haces es comprar participaciones de un vehículo de inversión que sí tiene patrimonio y que reproduce ese índice. Es el fondo el que compra las acciones; tú eres partícipe del fondo, no del índice. Si el índice sube, el fondo intenta que su valor suba en la misma proporción (descontando costes y pequeñas desviaciones).

La mayoría de los índices están formados por las empresas más grandes y representativas de un país o región, y por eso se utilizan como termómetro económico. Mirar cómo se comportan los índices europeos, americanos o asiáticos no te dice cómo va una empresa concreta, pero sí te da una visión bastante fiable de cómo está evolucionando la economía empresarial de esa zona. También puede haber índices por sectores (por ejemplo, de tecnología o IA), pero los más conocidos son por países.

Con los fondos indexados, estamos invirtiendo en cestas que pueden incluir las mayores empresas del mundo desde sólo 1 euro. Desde tu casa puedes invertir en la economía estadounidense y pagar cero impuestos durante décadas. Veamos por qué.

FONDOS INDEXADOS

Ésta es la alternativa con más incentivos fiscales. Tienen la ventaja de que se puede empezar a invertir con poco dinero. En la mayoría ya se permite la entrada con 100 euros, con aportaciones posteriores de 50 euros.

Fíjate muy bien en que las comisiones sean bajas, porque los profesionales que administran los fondos indexados sólo tienen que ocuparse de reproducir los índices. Esa comisión, llamada TER (*Total Expense Ratio*), es el porcentaje que debe ir indicado en el folleto informativo del fondo y que representa todos los gastos, incluidas las comisiones de gestión, depósito, éxito, etcétera. Lo ideal es que el TER no sea superior al 0 por ciento. Si supera el 1 por ciento, olvídate. Los bancos tradicionales están aprovechando para vender estos productos con unos TER del 2 por ciento y cosas absurdas de ese estilo. Es demasiado, y te estropea la rentabilidad.

Hay otras opciones mejores, como MyInvestor, Indexa Capital o Trade Republic, entre las cuales puedes diversificar. Todas ellas tienen sede en España y te facilitan la declaración de la renta, ya que, normalmente, aparecerá predeterminada en tu borrador, porque se comunican con Hacienda de forma constante. Casi nunca serán una opción BBVA, CaixaBank ni ningún banco tradicional, porque se llevan unas comisiones alucinantes y sus gestores comerciales intentan colocarte productos constantemente. En lo que sí ganan frente a los neobancos es en la atención al cliente, ya que estos últimos trabajan con márgenes muy bajos por las pocas comisiones que repercuten. Con un neobanco, si tienes algún problema, pueden tardar varios días en atenderte, si no semanas.

Una cosa importantísima es que aquí los impuestos se pagan al final. Hasta que no vendamos nuestras participaciones del fondo de inversión en el que hayamos invertido, no pagaremos impuestos, aunque traspasemos el fondo (al contrario de lo que ocurre con los ETF). Puedes, por tanto, pasarte una vida entera sin pagar impuestos. Así, la cantidad que tenemos invertida no se ve disminuida, lo que hace que la cantidad obtenida en forma de intereses sea siempre creciente.

Otra gran ventaja es la diversificación con un solo fondo. Así, podemos invertir fácilmente en cientos de empresas de todos los países del mundo. Al fin y al cabo, es muy difícil que todas vayan mal al mismo tiempo. ¿Cuál es la probabilidad de que quiebre Apple y, a la vez, Nvidia y Alibaba? Sólo si hay una invasión alienígena, o algo así, pero entonces la quiebra será el menor de nuestros problemas.

Para minimizar el pago de impuestos, conviene que elijas un **fondo de acumulación**, que son los más comunes. No reparten dividendos directamente, ya que es la gestora del fondo la que se encarga de reinvertirlos en el propio fondo y, por tanto, no vamos a tener que pagar impuestos hasta que vendamos nuestras participaciones. Esto te permite aprovechar mejor el interés compuesto. Los **fondos de distribución** son aquellos que reparten dividendos de forma periódica, y somos nosotros los que reinvertimos los dividendos. Además, cada vez que recibamos dinero tendremos que pagar impuestos a Hacienda.

Lo que te recomiendo, para concluir, es la estrategia llamada *dollar cost average*: que metas siempre la misma cantidad de dinero, de forma periódica y automática, en un índice que reproduzca el S&P 500 y en otro mundial en general, con sus mayores empresas. Al principio, yo metía 50 euros, y luego un poquito más, según fui ganando más. Esto te permite no estar atento todo el día a lo que pase en el mercado y no buscar el *timing* perfecto —que nadie conoce—, y así te aseguras de abarcar el valor promedio de los activos. Me gusta esta forma de invertir en ellos, porque es como ir depositando poco a poco dinero en una especie de plan de pensiones que podré retirar cuando me dé la gana. No existe ningún tipo de impuesto a la compra, como sí ocurre con el inmobiliario, de tal manera que da totalmente igual que hagas miles de compras a lo largo de tu vida porque sólo pagarás impuestos cuando vendas.

¿Cómo funciona el interés compuesto?

El interés compuesto es la magia de ganar rendimientos, no sólo sobre el dinero que inviertes, sino también sobre los intereses acumulados, lo que crea un efecto de bola de nieve que acelera el crecimiento de tu capital con el tiempo. Ésta es la fórmula:

$$\text{Capital final} = \text{capital inicial} \times (1 + \text{interés anual})^{\text{número de años}}$$

Fíjate que está elevado al número de años, lo que quiere decir que crece de forma exponencial. Imagínate que metes 100.000 euros en el fondo y ganas el 10 por ciento: 10.000 euros. Si esos 10.000 euros de ganancia los reinviertes, en vez de metértelos en el bolsillo, la inversión pasa a ser de 110.000 euros, y su 10 por ciento serían 11.000 euros, y así sucesivamente. Es decir, que los intereses se van aplicando sobre cada vez más capital, que proviene de los propios intereses que has recibido antes. Da igual que no consigas obtener un porcentaje de rentabilidad mayor; simplemente por mantener la inversión a lo largo del tiempo, el mismo porcentaje sobre una cantidad mayor multiplica exponencialmente tu dinero, año tras año. Y todo esto sin pagar impuestos elevados, ni seguridad social, como ocurre con nuestro trabajo.

El crecimiento patrimonial no es lineal, sino exponencial. Al principio, aportas tú todo: el tiempo, el dinero y el esfuerzo; pero, a medida que el capital crece, son los intereses los que empiezan a generar a su vez más intereses, y llega el momento mágico en el que tus rentabilidades superan a tus propias aportaciones.

Ese punto de inflexión suele estar en los 100.000 euros. Si inviertes 10.000 euros al año (833 euros al mes) al 7 por ciento, tardas unos siete años en llegar a 100.000 euros (de los cuales unos 24.000 son intereses a tu favor). Después no tardas catorce años en llegar a los 300.000 euros, sino sólo nueve. En ese momento, los intereses ya representan el 45 por ciento del total acumulado. Cuando alcanzas los 370.000 euros, los intereses a tu favor ya superan lo que has aportado. Es entonces cuando la riqueza deja de depender de tu trabajo y empieza a basarse en tu patrimonio acumulado. «Los primeros 10.000 son una tortura, pero tienes que conseguirlos como sea», explicaba Charlie Munger, el famoso amigo y socio de Warren Buffett.

Invertir pronto también es infinitamente más eficaz que invertir mucho, y ésta es una de las cosas que les repito siempre a mis alumnos. Si empiezas a los veinte años invirtiendo 584 euros al mes, puedes alcanzar el millón antes de los cincuenta y cinco años; pero si empiezas a los cincuenta años, necesitarías más de 11.000 euros al mes para lograrlo en cinco años. La diferencia no es el esfuerzo, sino el tiempo. Aun así, nunca es demasiado tarde, ya que la actual esperanza de vida media en España son ochenta y dos años. Si empiezas a los cincuenta años, todavía tendrías unos treinta apara aprovecharte de la bola de nieve y el gran incentivo fiscal de los fondos en España.

Los ETF y su trato fiscal

Los ETF (*Exchange Traded Funds*) son un instrumento de inversión parecido a los fondos indexados, ya que, cuando invertimos en ellos, invertimos en una cesta de valores. La principal diferencia con los fondos es que los ETF operan igual que las acciones: se pueden comprar y vender al instante tantas veces como se quiera a lo largo del día, mientras que con un fondo, aunque tú pienses que lo estás comprando al momento, en realidad lo que haces es darle la orden al banco, que tarda entre uno y dos días en hacerla efectiva.

Sin embargo, los fondos indexados tienen una desventaja respecto a los ETF, y es el llamado «diferimiento fiscal», que nos permite no pagar impuestos mientras no retiremos nuestro dinero de los fondos de inversión, cosa que no pasa con los ETF. Por poner un ejemplo: si tienes un fondo indexado del MSCI World y lo traspasas al Nasdaq, no pagarás impuestos por el cambio. Puedes hacerlo cuando quieras, sin problema. Con un ETF sí pagarías impuestos.

En términos de rentabilidad, tanto aquellos fondos indexados como los ETF que reproduzcan un índice son prácticamente lo mismo, con comisiones muy parecidas si vas a las mejores plataformas, pero los ETF tienen esa desventaja de no gozar de la traspasabilidad fiscal. Por tanto, en igualdad de condiciones, los fondos indexados son mejores desde el punto de vista fiscal.

Lo que ocurre es que existen determinados activos, como el oro o Bitcoin, que no puedes comprar directamente a través de fondos, porque el regulador europeo no permite fondos que inviertan en un solo activo, por lo que, si no quieres comprarlos en formato «físico» directamente (un lingote de oro o plata o 1 bitcoin), deberás hacerlo a través de ETF.

Una alternativa de inversión en el largo plazo, que antes estaba muy incentivada fiscalmente, son los planes de pensiones, pero ya no es tan bonito como antes. De hecho, es bastante feo el panorama. Veamos por qué los están desincentivando.

PLANES DE PENSIONES

Mi profesor de Derecho Fiscal estaba invertidísimo en planes de pensiones. Decía que eran la leche porque diferían la tributación durante décadas y luego, cuando lo rescatabas, tenías ventajas fiscales. El problema es que mi profesor tenía sesenta y cinco años en aquel entonces. Ahora no diría lo mismo.

Básicamente metes tu dinero en un fondo privado, que te va dando una rentabilidad, pero que sólo podrás recuperar cuando te jubiles o en otra serie de casos sumamente concretos. Los planes de pensiones fueron ideados como un complemento a la pensión pública, lo cual es la clave, teniendo en cuenta el riesgo elevado de que los jóvenes actuales no tengan una pensión decente. Y quiero recalcar lo de decente, porque pensión vamos a tener todos. Sí, como lo oyes: en contra de lo que afirman una infinidad de divulgadores financieros a los que admiro, yo creo que sí tendremos dinero para las pensiones futuras. El motivo es que el Banco Central tiene la capacidad de crear dinero ilimitado, es decir, de imprimir todo el dinero que considere según la situación lo requiera.

¿Cuál es el problema? Que cuanto menos asociado va ese incremento de masa monetaria en circulación a un incremento de productividad, mayor inflación se genera. Ya ocurrió durante la pandemia de COVID-19 y en anteriores ocasiones. Por tanto, precisamente por esto, tiene sentido no tener todo tu patrimonio acumulado en un bien que no sea escaso; porque dinero habrá para lo que sea necesario, pero será un dinero cada vez más devaluado que penalice a quienes lo estén ahorrando.

Ésta es la diferencia entre variables nominales y reales. Tú puedes tener cada vez más numeritos en el banco, más ceros en términos nominales, pero si no compran cada vez más cosas, no estás ganando poder adquisitivo en términos reales, que es lo que importa. Insisto: el dinero es una herramienta que sólo sirve para comprar cosas; si lo dejas parado, no hace absolutamente nada.

Por esa razón, yo invierto en activos escasos. Una forma de hacerlo son los planes de pensiones privados. Y hay muchos tipos de planes de pensiones: unos invierten en renta fija, otros en renta variable, otros son mixtos, otros reproducen fondos indexados...

La desventaja es que, cuando inviertes en planes de pensiones, no se puede recuperar el dinero metido cuando se quiera, sino sólo en los siguientes casos:

- Jubilación
- Incapacidad laboral
- Enfermedad grave
- Desempleo de larga duración
- Dependencia severa o gran dependencia
- Fallecimiento
- Emigración permanente

Por suerte, existe una octava causa, que es la que usaré yo para recuperar mi fondo: desde 2025, se permite el rescate de planes de pensiones que tengan al menos diez años de antigüedad, por lo que podrás rescatar las aportaciones realizadas a partir de 2015, cuando hayan transcurrido diez años desde cada aportación.

¿Qué me gusta de los planes de pensiones? Son interesantes porque puedes reducir tu base imponible hasta 1.500 euros al año por tus aportaciones individuales (antes el límite era mucho más alto). Ese límite puede ampliarse mediante planes de empleo: si tu empresa realiza contribuciones a tu favor en un plan de pensiones de empleo, el máximo conjunto puede llegar hasta 10.000 euros anuales. En el caso de los autónomos, pueden alcanzar hasta 5.750 euros a través de planes de empleo simplificados.

En la práctica, este atractivo fiscal ahora depende de si tienes acceso a un plan de empresa o a un plan para autónomos, ya que el margen individual puro es muy limitado. Eso sí, es infinitamente mejor que depender sólo de la pensión pública, sobre todo si tienes menos de cuarenta años y estás confiando en la promesa de un político al que dentro de treinta años no podrás pedirle explicaciones. Hasta aquí las razones por las que me gustan los planes de pensiones.

¿Qué no me gusta? Que en el momento en que «rescates» el plan, o sea, que cobres, tributará en la base general. Esto implica que pagas los mismos impuestos que por tu trabajo: entre el 19 y el 50 por ciento, mucho más que las inversiones. De hecho, se suma a lo que hayas ganado trabajando. Pero es que, encima, tributan por el total invertido.

Quiero insistir en esto porque es algo demencial: no tributas sólo por lo que hayas ganado, sino por todo el dinero metido. Si metiste 100.000 euros y ahora tienes 150.000, no tributas por los 50.000 euros de plusvalía, como ocurriría con un fondo de inversión, con una acción, o con un PIAS, sino que tributas por los 150.000 euros. Por eso, lo único que haces, en realidad, es no pagar impuestos hoy para pagarlos mañana, que pueden ser menos, pero también más, según quién gobierne y la deriva del sistema (y a mí me da que se inclina a que sean más).

Ese rescate puede realizarse de tres maneras:

a. En forma de capital (un único pago).
b. En forma de renta (pagos periódicos).
c. En forma mixta o mediante disposiciones parciales, dependiendo de las condiciones del plan y de tus necesidades.

Por eso, para no subir a tramos muy altos, lo más inteligente suele ser rescatar el plan un año en el que no hayas ganado mucho dinero en la base general con tu trabajo o pensión. No tienes por qué rescatarlo todo de golpe, puedes hacerlo por partes, según lo que necesites cada año. Si cambias tu residencia fiscal a una comunidad autónoma con tipos más bajos, como Madrid, o te vas a otro país con tipos más bajos antes del rescate o que lo beneficie más, puedes reducir la carga.

Lo que hacía atractivos los planes de pensiones antes, pero que ya no existe, es que podías rescatarlos con una reducción del 40 por ciento en la base imponible y, por tanto, pagar casi la mitad de impuestos. Esto ya no es así, salvo para el dinero que hayas metido hace veinte años (antes del 31 de diciembre de 2006), cosa que no hemos tenido posibilidad de hacer quienes tenemos veintinueve años, como yo.

Esas aportaciones, además, sólo se pueden rescatar en forma de capital —de golpe— en el ejercicio de la jubilación o en los dos años siguientes. Esto te puede ahorrar decenas de miles de euros, si tu plan es antiguo. La clave aquí sería usar el 40 por ciento de reducción sobre las aportaciones antiguas en un pago único, y el resto rescatarlo en rentas periódicas.

Una alternativa a los planes de pensiones son los PIAS, y vamos a verlos a continuación.

EL PIAS PARA TU JUBILACIÓN

Los PIAS (Plan Individual de Ahorro Sistemático) son un seguro de vida-ahorro, pensado para hacer aportaciones periódicas. Su objetivo es que hagas aportaciones durante toda tu vida, o la mayor parte de ella, para servir como complemento a la pensión pública. Es decir, lo mismo que los planes de pensiones privados o invertir en fondos indexados en el largo plazo: un producto financiero en el que vas metiendo dinero cada mes para recuperarlo en el futuro con una rentabilidad. La diferencia es que el PIAS, además, funciona como un seguro de vida.

Se pusieron de moda a partir de 2014-2015, cuando las aseguradoras empezaron a comercializarlos como alternativa fiscalmente eficiente a los planes de pensiones y los fondos, aprovechando tres factores: tipos de interés bajos, marketing agresivo centrado en la exención fiscal si se rescata como renta vitalicia y la búsqueda de productos de ahorro «seguro» tras la crisis financiera de 2008.

La banca y las aseguradoras se gastaron mucha pasta en destacarlos como productos estrella, como un «2 en 1» atractivo para todo el mundo. Pero, claro, ni el comercial de la banca ni el de la aseguradora son tus amigos: cuantos más productos te coloquen con mayor comisión para ellos, mejor. Del mismo modo que no podrás pedirle explicaciones al político dentro de treinta años, tampoco al comercial que te colocó esos productos porque tenía unos objetivos que cumplir. Es exactamente lo mismo que ocurrió en su momento con las preferentes, que yo viví con mi padre.

Yo iba aún al instituto y, como yo ya tenía cierto interés por estas cosas, mi padre me comentó que había un nuevo producto que estaba comercializando el banco. En teoría —y así se lo decía su gestora— era un producto seguro, estable y con alta rentabilidad. Se les ofrecía a pequeños ahorradores —muchos de perfil conservador— como si fueran depósitos mejorados, cuando en realidad eran instrumentos complejos, perpetuos y con riesgo de pérdida total. Vamos, que de seguros no tenían nada.

Mi padre decía que ya estaba cobrando intereses y que todo iba genial. Esa colocación masiva de preferentes se debió a que la banca las empujó desde sucursales con mala o insuficiente información, aprovechando la confianza de los clientes tradicionales y la falta de cultura financiera. Un día, mi padre llegó a casa alteradísimo diciendo que no le dejaban sacar el dinero en el banco.

Tras la crisis financiera (2008-2012), muchas entidades suspendieron pagos, el producto perdió valor o quedó bloqueado, miles de clientes no pudieron recuperar su dinero y se destapó el escándalo: llegaron demandas masivas, arbitrajes, condenas judiciales y rescates parciales, con casos emblemáticos como el de Bankia, convertido en uno de los mayores fraudes financieros al pequeño inversor en España. Mi padre consiguió presionar a la directora de la sucursal y recuperar prácticamente todo, pero la ansiedad no se la quitó nadie. Mucha gente se quedó atrapada.

No estoy diciendo en absoluto que los PIAS sean esto. Tras la crisis, el banco tiene mucho más cuidado con lo que dice y hace, pero cuando comprendí que una cosa es lo que me dice un tercero que pasa, y otra muy diferente lo que realmente pasa, comencé a tomar decisiones mucho más inteligentes. Y ojo: esto vale para cualquier campo de la vida, desde la elección de tu futuro profesional hasta tus inversiones. Lo más importante es trabajar y confiar en personas que tienen los incentivos alineados contigo.

Un gestor patrimonial no gana nada si tú no ganas, por lo que puede tener los incentivos alineados si se afina bien la letra pequeña. En cambio, un comercial que —independientemente de lo que pase contigo— él va a ganar, y al que no le perjudica en absoluto que tú pierdas, tiene un incentivo perverso demasiado relevante como para que lo omitas. No digo que te la vaya a liar, pero el ser humano funciona por incentivos.

Al igual que el incentivo del político es no llevar a cabo las reformas estructurales que precisa el sistema en el largo plazo y que supondrían que la mayor parte de la gente no lo fuera a votar porque implicarían recortes en el corto plazo. Por eso, entendiendo los incentivos del sistema, tomas mejores decisiones.

Tras este paréntesis, volvamos a los PIAS. La parte de seguro de vida sirve para que, si falleces antes de haber recuperado el ahorro acumulado, los beneficiarios que designes reciban el capital generado en el plan, normalmente incrementado con un pequeño capital adicional asegurado. De este modo, el PIAS no sólo cumple una función de ahorro para tu jubilación, sino también de protección patrimonial, al garantizar que el dinero aportado no se pierda y llegue a tus herederos fuera del circuito clásico de la herencia. Además, esta cobertura por fallecimiento es la que jurídicamente permite encuadrar el PIAS como seguro de vida, lo que habilita su tratamiento fiscal específico y, a largo plazo, la posibilidad de transformar el capital acumulado en una renta vitalicia con ventajas fiscales.

El problema está, precisamente, en su doble configuración como seguro de vida y como pseudofondo de inversión. Cuando elegimos en qué invertir, debemos tener un objetivo con cada una de las inversiones. O queremos un seguro de vida, o queremos invertir en un fondo, acción o ETF; pero mezclar ambas cosas suele llevar a confusiones, a zamparte comisiones inútiles y a estar en un punto medio que no es ni una cosa ni la otra. No obstante, vamos a ver cuáles son sus ventajas.

- Puedes sacar la pasta del plan cuando quieras. No es como un plan de pensiones, que debes esperar a que te jubiles o tengas algún hito determinado.
- Tributan como rendimientos del capital mobiliario, en la base del ahorro (menos, por tanto, que los planes de pensiones que van a la general).
- Tienen una exención interesantísima: permiten reducir mucho los impuestos que pagas si cumples unos requisitos (aunque complejos).

Vamos a pararnos en esta última ventaja en concreto, que te permite pagar pocos impuestos, porque es su principal virtud, en el momento de retirar los fondos del plan. Los porcentajes dependerán de tu edad (véase la tabla 11.3) y, para acogerte a ellos, deberás cumplir los requisitos que veremos después.

Tabla 11.3. Porcentaje de impuestos en el momento de la retirada del fondo PIAS

EDAD	PORCENTAJE DE TRIBUTACIÓN
40-49 años	35 %
50-59 años	28 %
60-65 años	24 %
66-69 años	20 %
70 años en adelante	8 %

Esto es lo mejor que tienen los PIAS. Significa que, si obtienes una renta de 100.000 euros, y tienes setenta años, sólo tributas por el 8 por ciento: 8.000 euros, de los que a su vez sólo pagarías el 19 por ciento por los primeros 6.000 y el 21 por ciento por los 2.000 restantes. El motivo es que tributa en la base del ahorro, como señalamos antes. Por tanto, hemos de tener en cuenta la exención aplicada y luego la tributación final. En la tabla 11.4 puedes ver los tipos efectivos que pagarías.

Tabla 11.4. Tributación efectiva de la renta vitalicia según la edad del perceptor

EDAD DEL PERCEPTOR AL CONSTITUIR LA RENTA	COEFICIENTES DE REDUCCIÓN		19 % TRIBUTACIÓN RENDIMIENTO CAPITAL MOBILIARIO	% TRIBUTACIÓN TOTAL
	% exento	% que tributa		
> 70 años	92 %	8 %		1,52 %
66-69 años	80 %	20 %		3,80 %
60-65 años	76 %	24 %		4,56 %
50-59 años	72 %	28 %		5,32 %
40-49 años	65 %	35 %		6,65 %
<40 años	60 %	40 %		7,60 %

Como ves, una exención que te haga tributar sólo por el 8 por ciento o hasta el 19 por ciento al final es el 1,52 por ciento, que no es casi nada. Muy buena pinta, ¿no? El problema es que deben cumplirse una serie de requisitos para poder acogerse a esta deducción tan interesante:

- Debe haber transcurrido más de cinco años desde la primera aportación al PIAS.
- No se debe haber invertido más de 8.000 euros al año a tus PIAS.
- No pueden valer más de 240.000 euros las aportaciones totales que tú hayas hecho.
- Si se revaloriza a más de 240.000 euros porque tiene una buena rentabilidad, sigues cumpliendo el requisito; lo que no puedes es meterle tú más de ese dinero con tus aportaciones.
- Se debe rescatar como renta asegurada vitalicia (producto que te complementa la pensión), o sea, periódicamente, no de golpe.

Esto último es importante, ya que reduce significativamente el dinero que puedes sacar. Al ser un complemento a la pensión, no podrás sacar varios miles de euros, porque tiene límites rígidos. Esto no me gusta, porque ya estamos en los últimos años de nuestra vida, y lo ideal es poder repartirnos el dinero como consideremos.

Ahora vamos a ver las desventajas de los PIAS, aparte de la que acabo de citar, porque parece todo muy bonito para ser verdad, ¿no?

Como es un seguro de vida, hay que pagar una alta comisión mensual. Esto ya hace que sean mucho menos atractivos, porque la comisión mensual que te meten suele ser una barbaridad. Así pagas las típicas comisiones del fondo de inversión más las comisiones de un seguro de vida. Total: entre el 1,5 y el 4 por ciento TER.

Otra desventaja es que no te puedes deducir la pasta que le vas metiendo, al contrario que con los planes de pensiones, con los que puedes deducirte, como mínimo, 1.500 euros al año.

Si es un PIAS de renta fija y te va a dar una rentabilidad inferior al 2 por ciento, quitándole las comisiones queda el 1 por ciento o menos, y ya no tiene ningún sentido. En ese caso, preferiría una cuenta remunerada, que es mucho más líquida.

Es muy difícil obtener algo de rentabilidad real decente cuando te aplican unas comisiones de tal magnitud, a diferencia de los planes de pensiones, que están limitados a una comisión máxima anual del 1,5 por ciento.

Si consigues encontrar o negociar con tu banco un PIAS con una buena rentabilidad y lo planificas bien, sí es una opción que tener en cuenta por la liquidez que proporciona y las deducciones aplicables. Lo ideal va a ser siempre que lo retires en forma de rentas vitalicias y esperes a tener setenta años para que se aplique la mayor deducción y sólo tributes por el 8 por ciento de la renta obtenida.

El problema del plan de pensiones, como ya vimos, es que tributa por todo lo que rescates, mientras que un fondo de inversión tributa sólo por las plusvalías acumuladas. Por eso, para mí, en la mayoría de los casos, la mejor alternativa para la pensión está entre los fondos indexados y los PIAS. Sin embargo, si lo que quieres es invertir para ganar dinero en el largo plazo, y no un producto mixto que incluya un seguro de vida, suelen ganar los fondos de inversión que den buenas rentabilidades y con muy pocas comisiones.

No me gustan los activos que tienen dos funciones diferentes y que te hacen pagar comisiones por ambas. Considero mucho más ordenado invertir por un lado en un fondo de inversión y, por otro, contratar un seguro de vida, si es lo que quieres.

12

Inversión en otros activos: oro, *start-ups* y criptoactivos

La tesis de inversión que aquí se defiende consiste básicamente en comprender la naturaleza humana y darse cuenta de que, por naturaleza, nos gustan las cosas de utilidad marginal decreciente. Es decir, el ser humano valora los bienes en función de su escasez, y si cada unidad extra que tengas supone que existe una unidad menos (y no se crean más) el valor de esa cosa aumentará.

Cuanto más tenemos de algo, menos lo valoramos. Te duele menos gastar 100.000 euros si tienes 1 millón que si sólo tienes esos 100.000 euros y te quedas a cero. Por eso me encantan los activos reales escasos sin riesgo de contraparte, como el oro.

INVERSIÓN EN ORO

Desde el año 2000 hasta hoy, el oro ha sido el activo que mejor ha protegido el poder adquisitivo, muy por encima de los grandes índices bursátiles, del mercado inmobiliario y, por supuesto, del dinero en efectivo. En términos reales, descontando la inflación, el oro no sólo ha resistido, sino que ha multiplicado el valor inicial de forma consistente: es una constatación empírica basada en más de dos décadas de datos y, si ampliamos el foco, en miles de años de historia monetaria.

El contexto es clave. Desde el abandono del patrón oro en 1971 y el fin del sistema Bretton Woods, las monedas dejaron de estar respaldadas por un activo escaso. A partir de ese momento, el dinero pasó a sostenerse únicamente sobre la confianza. Esto permitió a los gobiernos y bancos centrales emitir cantidades crecientes de dinero sin necesidad de aumentar la productividad real ni las reservas, abriendo la puerta a déficits estructurales, deuda creciente y pérdida continuada de poder adquisitivo. La inflación oficial del 2 por ciento es sólo la parte visible del problema; la inflación monetaria real, derivada de la expansión constante de la base monetaria, erosiona el valor del dinero año tras año, incluso cuando los salarios no acompañan.

A este fenómeno se le suma el sistema bancario de reserva fraccionaria, que multiplica el dinero existente a través del crédito. Un mismo euro depositado puede convertirse en varios euros «nuevos» en forma de préstamos, generando así una abundancia artificial de dinero que no se corresponde con un aumento equivalente de bienes escasos. El resultado es sencillo: cada vez hay más euros persiguiendo la misma cantidad limitada de activos reales. Por eso suben los precios de los inmuebles en zonas cotizadas, de las empresas sólidas y, especialmente, del oro. Y por eso queremos poseer inmuebles, empresas valiosas y oro.

El oro destaca precisamente por lo contrario: no puede imprimirse, no depende de decisiones políticas y su oferta es extremadamente limitada. El oro estaba a 35 dólares la onza hace cien años; en enero de 2026, a 4.000 euros.

Todo el oro extraído en la historia cabe en un edificio de siete pisos. Las reservas que quedan por extraer son finitas y, al ritmo actual de producción, no hay margen para incrementos rápidos de oferta. El Instituto Geológico de Estados Unidos calcula que las cantidades de reservas de oro que quedan por extraer en el mundo son de unas 50.000 toneladas. En total sólo habrá 250.000 toneladas en todo el planeta. Al ritmo actual de extracción (unas 4.000 toneladas anuales), nos quedaríamos sin él en veinte años o antes. Y piensa que algunas toneladas son muy difíciles de extraer (o casi imposibles).

Es decir, independientemente de lo que ocurra en el corto

plazo, de la volatilidad que pueda o no sufrir, es inevitable que en el largo plazo aumente el poder adquisitivo frente a todas las monedas, como ha ocurrido durante toda su historia. Sí, inevitable. Las monedas no paran de caer frente al oro. Empezaron valiendo exactamente lo mismo y ahora una moneda de 1 dólar que antes equivalía a una unidad de oro ha pasado a valer menos del 1 por ciento de la misma unidad.

Además, el oro es el activo con mayor capitalización de la historia, y ningún otro bien individual lo supera. Su escasez física, combinada con una demanda estructural creciente, lo convierte en un refugio natural frente a la degradación monetaria. A largo plazo, su cotización refleja factores fundamentales: producción minera, compras de bancos centrales, reservas disponibles y contexto macroeconómico global.

En los últimos años, los bancos centrales —especialmente los de países como China, la India o Rusia— han incrementado sus compras de oro a niveles no vistos desde 1971. Esto no es casualidad: mientras las monedas se devalúan, las instituciones que gestionan grandes patrimonios buscan refugio en activos que no dependan de promesas futuras.

El oro no sirve «para nada» en el sentido productivo clásico, y precisamente ahí reside su valor. No tiene riesgo de contraparte: no depende de que un banco pague, de que un Estado cumpla o de que un emisor no quiebre. Existe por sí mismo. Por eso tiende a comportarse bien en contextos de crisis, guerras, recesiones profundas o pánicos financieros.

Compararlo con la plata ayuda a entender mejor su papel. La plata también es escasa y tiene recorrido, pero es más abundante, tiene un fuerte componente industrial y no posee el mismo historial como reserva de valor. Se oxida, se consume y su oferta relativa es mayor. Por eso, aunque puede formar parte de una estrategia diversificada, no cumple exactamente la misma función defensiva que el oro.

Y aquí ya comenzamos a hablar de sus impuestos.

Me acerco a los treinta años y la gente de mi círculo comienza a casarse, y piensan que sus alianzas son de oro puro y que han sido una inversión. Ahora veremos si tienen razón o no.

Invertir en oro puede hacerse de dos formas principales: oro físico o instrumentos financieros respaldados por oro. El oro físico implica comprar lingotes o monedas de alta pureza, 24 kilates (al menos 995 milésimas si son lingotes, y 900 si son monedas), que es el único considerado oro de inversión y, por tanto, exento de IVA en la compra.

Esto es muy importante, no pagas ningún impuesto al comprar oro, como si ocurre al comprar bienes de consumo o invertir en un inmueble, que pagas una burrada. Las joyas como un anillo de oro o el oro de menor pureza no sirven como inversión eficiente, porque soportan IVA y sobreprecios elevados. De tal manera que una alianza de boda sólo tendrá aproximadamente el 70 por ciento de oro para poder ser maleable y, por tanto, sí lleva IVA, por lo que, si estamos pensando puramente en inversión, evitaremos joyas de este estilo.

En el oro físico hay que prestar atención a la pureza, al peso, a la certificación (LBMA), a la reputación del vendedor y a las comisiones totales, que idealmente no deberían superar el 3-4 por ciento. De hecho, aquí hay que fijarse sobre todo en el *spread*, que es la diferencia entre el precio real al que cotiza 1 gramo de oro y el precio que te dice la tienda al que cotiza. Imagina que el oro cotiza a 1.000 euros los 10 gramos. La tienda te dirá que cotiza a 1.100 euros, por ejemplo, y ahí ya se están llevando un buen pellizco en comisión. Esto lo hacen también los neoancos cuando vas a invertir en sus productos de inversión en mayor o menor medida. Por eso, siempre buscaremos los que lo hagan en menor medida.

También se presenta el dilema de la custodia: guardarlo en casa exige medidas de seguridad y seguros específicos, y delegar la custodia reduce riesgos físicos, pero introduce la dependencia de terceros. La alternativa más cómoda para la mayoría de los inversores son los ETC (*Exchange Traded Commodity*) de oro de réplica física, no sintética, como los famosísimos Ishares Physical Gold o el Invesco Physical Gold. Estos instrumentos cotizan en bolsa y están respaldados por lingotes reales custodiados en bóvedas y auditados periódicamente.

No son oro «sintético»: el metal existe y puede verificarse

mediante listas de lingotes. Aunque el inversor minorista no puede retirar físicamente el oro ni tiene asignado un lingote concreto —lo que en caso de catástrofe del sistema haría casi irrecuperable su porcentaje de oro—, sí tiene exposición directa a su precio con costes bajos y alta liquidez.

Es importante distinguirlos de los productos sintéticos o de las mineras de oro, que introducen riesgos empresariales y de contraparte adicionales. Si inviertes en una minera, estás invirtiendo en una sociedad encargada de extraer oro, que lo puede hacer mejor o peor cada año que pasa, pero, desde luego, no inviertes en oro directamente.

Volviendo al punto de vista fiscal y hablando ahora de impuestos directos, el oro puro tiene una ventaja clara: sólo se tributa cuando se vende. No hay impuestos por comprar ni por mantener. La ganancia se integra en la base del ahorro y tributa entre el 19 y el 30 por ciento, según el importe. Además, las pérdidas pueden compensarse con ganancias de otros activos financieros, lo que permite una planificación fiscal flexible y eficiente a largo plazo.

Eso sí, ojito, porque conservar facturas de compra y venta es esencial para acreditar el precio de adquisición y evitar problemas con Hacienda. Si no lo haces, podrá decir que el lingote que vendiste hoy por 50.000 euros lo habías comprado por 1 euro en 1920.

En definitiva, el oro es una herramienta de defensa patrimonial frente a un sistema monetario basado en deuda, expansión ilimitada y pérdida constante de poder adquisitivo. En un mundo donde el dinero se imprime sin freno y la confianza es el único respaldo, el oro sigue siendo una de las pocas certezas históricas.

INVERSIÓN EN *START-UPS* PARA REDUCIR TU BASE IMPONIBLE

Aquí tenemos una deducción muy importante que poca gente conoce, que es la deducción por inversión en *start-ups*. Ésta permite desgravar un porcentaje de las cantidades invertidas en estas empresas, reduciendo directamente el importe que ibas a pagar en el IRPF.

En concreto, puedes deducir el 50 por ciento de las cantidades invertidas en *start-ups* de tu cuota íntegra del IRPF, con un límite de inversión deducible de 100.000 euros anuales. Es decir, puedes reducir lo que pagas a Hacienda hasta 50.000 euros al año por lo que inviertas en una o varias *start-ups*.

Esta deducción interesa sobre todo a gente que ha ganado mucho dinero este año, y que se quiere cubrir del palo que le van a meter. Los requisitos son los siguientes:

- Para el inversor:

  ○ Debes ser persona física (no se aplica a empresas).
  ○ No puedes tener más del 40 por ciento de participación en la empresa, ni directa ni indirectamente (de forma conjunta con tu cónyuge u otros familiares hasta el segundo grado de consanguinidad).
  ○ Las participaciones deben mantenerse en tu patrimonio como mínimo tres años y como máximo doce años desde que las adquieras.

- Para la empresa en la que inviertas:

  ○ Debe ser una empresa de nueva creación (pide siempre la acreditación de que así sea, son un máximo de siete años en sectores de alta tecnología o cinco en general).
  ○ Su actividad principal no puede ser la gestión de patrimonio mobiliario o inmobiliario.
  ○ Debe tener un capital social máximo de 400.000 euros cuando inviertas en ella.

«Pues, hala, voy a invertir en la primera *start-up* que me encuentre de IA.» Mala idea. Hay dos factores muy importantes que tener en cuenta. El primero es que el 90 por ciento de las *start-ups* fracasan, por lo que, si inviertes por invertir, aunque ahora te aproveches de la deducción del 50 por ciento, puedes perder la pasta si la empresa quiebra. El segundo es que la empresa debe tener la acreditación oficial como *start-up*, que concede el Gobierno. No vale que los fundadores te digan que lo es, si no está acreditada como tal.

Vamos a poner un ejemplo para entender bien cómo funciona. Supón que en 2026 inviertes 40.000 euros en una *start-up* acreditada como tal. En este caso, podrías deducirte el 50 por ciento de tu inversión, es decir 20.000 euros. Si en tu declaración de la renta tienes que pagar, por ejemplo, 22.000 euros en impuestos, de este modo sólo tienes que pagar 2.000 euros, al restarle el 50 por ciento a los 40.000 euros que has invertido.

Es una deducción estupenda. Ahora el problema sería que la empresa quiebre más adelante, porque entonces perderías no sólo los 20.000 euros que te habías ahorrado antes, y que se te habrían ido en impuestos igualmente, sino el otro 50 por ciento de tu dinero.

Por eso esta jugada es la leche si consigues dar con *start-ups* con potencial de revalorización, porque pagas el 50 por ciento menos de impuestos sobre lo invertido y, además, cuando pasen como mínimo tres años, puedes obtener rentabilidad que tributará en la base del ahorro. Pero te advierto: no es fácil dar con ellas. Normalmente hay que invertir en muchas para dar con alguna ganadora que te compense las pérdidas del resto. Son inversiones muy arriesgadas, quizá incluso más que en determinados criptoactivos.

OPTIMIZA IMPUESTOS EN TUS CRIPTOACTIVOS

Si has leído hasta aquí, ya sabrás que empecé a hacer vídeos en redes sociales mientras trabajaba en un despacho especializado en derecho penal, uno de los mejores de España. Representábamos a víctimas de casos muy duros, pero también a los culpables de otros tantos y, algunas pocas veces, a acusados inocentes. Me gustaba mi trabajo de abogado penalista.

Pero tenía dos problemas. El primero era que el trabajo era poco escalable. Mi jefe, que para el derecho penal era un *crack* y todavía hoy me llevo genial con él, no era precisamente un amante de la tecnología, como tampoco lo era la mayoría de sus compañeros. Por tanto, eran muy tradicionales en la forma de trabajar y de captar clientes.

De hecho, fue en esa época cuando yo empecé con mi cuenta en las redes sociales (@lawtips) y diversas personas me contactaron para que fuera su abogado en casos de todo tipo. Yo intentaba mandarlos al despacho, pero era imposible absorber la demanda con la tecnología actual. Puede que otro despacho fuera más avanzado, aunque esto era un denominador común. Lo cierto, en todo caso, es que eso me frustraba.

También tenía la posibilidad de montar yo un despacho tecnológico e intensivo en automatismos y escalabilidad desde el principio..., que fue lo que terminé por hacer con dos socios que son unos genios.

El otro problema es que era muy difícil destacar: competía contra abogados penalistas que llevaban cincuenta años en ejercicio. Por muy pro que yo pudiera llegar a ser, la experiencia y el tiempo jugaban en mi contra.

Por eso el día que un cliente le explicó a mi jefe que había sufrido una estafa con criptomonedas y éste no entendió absolutamente nada, se me iluminaron los ojos. Ahí la competencia era irrisoria, apenas había abogados que controlasen de eso en España y encima era algo en lo que ser joven beneficiaba, porque bebían de muchas de las tecnologías que yo ya conocía de sobra.

Decidí hacer un máster en criptoeconomía y busqué un bufete especializado en esto. Según profundizaba en ellas me interesaban más y más. Empecé a invertir lo poco que tenía en alguna que otra altcoin, pero sobre todo en bitcoins. Perdí los cuatro duros que tenía en aquella época invirtiendo en altcoins, menos lo que invertí en bitcoins, que no paró de subir desde entonces. Después seguí invirtiendo, pero sólo en bitcoins y Ethereum.

Al final, dejé de especializarme jurídicamente en cripto, pero, buceando en este mundo, me di cuenta de lo interesantes que eran los activos reales escasos sin riesgo de contraparte, es decir, bienes tangibles o digitales con oferta limitada (como el oro o Bitcoin) cuyo valor no depende del cumplimiento de un tercero.

Tu dinero, en cambio, sí depende del cumplimento de un tercero, aunque no lo sepas.

El dinero en forma de billetes y monedas es un pasivo del banco central, porque en sus cuentas aparece como una deuda que mantiene con el portador de ese dinero. Pero sobre todo, si el banco central se pone a crear dinero como un loco, tu dinero se devaluará a causa de la inflación, cosa que no puede hacer con el oro ni con el Bitcoin. Con el inmobiliario quizá sí podría, pero el espacio es limitado, y más en cualquier ciudad con oportunidades de trabajo. Aun así, podrían liberar mucho suelo, pero no interesa a las élites, porque eso mantiene los precios altos.

Los criptoactivos son cualquier activo digital que usa criptografía y tecnología blockchain para garantizar seguridad, trazabilidad y descentralización. Incluyen varias categorías: criptomonedas, tokens, NFT, stablecoins... Dentro de éstos, lo más conocido son las criptomonedas, y en particular bitcoin.

Bitcoin es una criptomoneda descentralizada creada en 2009 por una persona o grupo bajo el seudónimo de Satoshi Nakamoto y cuya identidad no es pública. Funciona sin intermediarios como bancos o gobiernos, y utiliza la tecnología blockchain para registrar todas las transacciones de manera pública, segura e inmutable. Su filosofía se basa en la soberanía financiera individual, la resistencia a la censura y la oferta limitada (21 millones de unidades), ajena al control de entidades centralizadas.

Considero muy relevante diferenciar bitcoin del resto de las criptomonedas, ya que ésta fue la primera de todas y filosóficamente la más relevante, la que marcó un antes y un después. Además, tenemos los tokens, que son criptoactivos creados dentro de una blockchain existente (por ejemplo, un token creado dentro de la red de Ethereum, como USDT o LINK).

Cómo ganar dinero con criptomonedas y tokens

Hacienda no considera las criptomonedas como dinero, sino como una inversión. Dependiendo de cómo las uses, puede que tengas que incluirlas en tu declaración de la renta:

a. Si sólo las compras y mantienes (*hold*): no tienes que declararlas.
b. Si las vendes o intercambias: generas ganancias o pérdidas patrimoniales y debes declararlas.
c. Si recibes intereses por ellas (*staking, farming*): serán rendimientos del capital mobiliario y debes declararlas.
d. Si pagas con criptomonedas: también cuenta como una venta, por lo que hay que tributar.
e. Si haces minería: esto es especialmente sensible, ya que dependiendo de su recurrencia y su volumen, deberás darte de alta como autónomo.

Ojo, porque esto nada tiene que ver con el famoso euro digital que la Unión Europea quería poner en circulación en 2026 como una «criptomoneda del Banco Central», para lo que todavía quedan varios años, si es que termina ocurriendo.

Ese dinero del banco central en formato digital es, según ellos, como una versión electrónica del efectivo. Dicen esto porque estaría guardado en una cartera electrónica (*digital wallet*) específica (en tu móvil). El BCE teme que, si Europa no crea su propio dinero digital, pierda el control de su sistema de pagos frente a empresas o potencias extranjeras (Apple Pay, PayPal, Libra).

Ese euro digital se podría usar para pagos inmediatos en tiendas físicas, online o entre particulares. También se podría operar online y offline, buscando que tenga un nivel de privacidad similar al del efectivo (sólo el emisor y el receptor conocen los datos en pagos sin conexión). El euro digital no daría intereses o, si los diesen, serán en menor medida que los que ofrece el mercado. O sea, te penaliza aún más el ahorro: «El euro digital no estaría concebido como una forma de inversión y, por tanto, no debería devengar intereses o, en caso de ser remunerado, debería hacerlo a tipos menos atractivos que los depósitos de mercado».[8]

Digan lo que digan es una moneda puramente digital, y cada unidad será rastreable. No es fungible: 1 euro digital emitido

8. Banco Central Europeo, «Report on a digital euro», octubre de 2020.

ahora no será igual que otro emitido un segundo más tarde. Esto permitirá que los políticos sepan exactamente lo que haces con dicho euro y que encima tengan la posibilidad —lo que para mí ya es suficiente— de programarlos para señalar que aquellos que lleven más de dos años ahorrados deban ser gastados o de lo contrario serán desactivados en 2030 y así estimular la economía, o aplicarles un impuesto especial.

¿Te fías tú de que un político no te estropee tu poder adquisitivo? ¡Si el propio BCE ha dicho en su estrategia que quiere mantener una inflación del 2 por ciento! Ellos mismos dicen que no quieren que genere intereses para ti. Esto nos ayuda a entender cómo quieren incentivar el consumo y crear nuevas unidades de pago que no puedan ser invertidas. Así, tienes menos incentivos para ahorrarlas. Pero volvamos a las criptomonedas de verdad y a cómo se tratan fiscalmente.

Comprar y mantener, y luego vender (o permutar)

Si compras cripto y más adelante vendes por euros o permutas por otra cripto (el *swap*, cambiar un BTC por un ETH, por ejemplo), cuenta como venta. En este caso, el impuesto que pagas es por la ganancia o pérdida patrimonial en la base del ahorro (los tipos van por tramos desde el 19 al 30 por ciento).

Para determinar cuánto tributar, se calcula la diferencia entre el precio de venta y el de compra en euros, aplicando el criterio FIFO (*first-in, first-out*), lo que significa que las primeras monedas adquiridas son las primeras que se venden. No puedes elegir qué moneda vendes «fiscalmente»: debe ser siempre la primera que adquiriste. Y si sólo compras y mantienes (*holdeas*), sin vender o permutar, no tributas. De hecho, hay países como Portugal en los que, si holdeas la criptomoneda más de un año en cartera, cuando llegue el momento y vendas no tributas por la plusvalía. Por eso muchos criptomillonarios se mudaron a Portugal hace unos años.

Staking (PoS)

Consiste en un protocolo en el que pones tus criptomonedas a trabajar: las dejas depositadas y recibes recompensas periódicas. Sería la versión moderna de las cuentas remuneradas, en las que dejas el dinero parado y vas recibiendo intereses por él.

En este caso, las recompensas tributan cuando las recibes como rendimientos del capital mobiliario: se valoran al precio de mercado del día de recepción y van a la base del ahorro (19-30 por ciento). Si más tarde las vendes, hay otra vez ganancia o pérdida patrimonial por la diferencia entre el valor declarado al recibirlas y el de venta, y tributarías como en el apartado anterior.

Minería (PoW)

Es una actividad con equipos informáticos que aseguran la red y generan monedas nuevas y comisiones. Si es habitual, hay que darse de alta como autónomo —se pueden deducir gastos (luz, equipos, amortización, etcétera)— y tributar en la base general por lo obtenido. Cuando luego vendas lo minado, esa venta genera ganancia o pérdida patrimonial en la base del ahorro (el valor de adquisición es el que declaraste al recibir las monedas).

Airdrops (tokens «gratis»)

Recibes tokens por campañas promocionales o por cumplir condiciones. Ojo, porque éstos tributan en el IRPF (base general) como ganancia patrimonial no derivada de transmisión, y se aplica el tipo que corresponda según tu tramo, y que puede superar el 50 por ciento en rentas altas. Luego, si vendes esos tokens, surge ganancia/pérdida patrimonial en la base del ahorro por la diferencia entre el valor declarado al recibirlos y el de venta.

Pagar compras con criptomonedas

Consiste en usar criptomonedas para adquirir bienes o servicios. A efectos fiscales equivale a vender, por lo que hay que computar la ganancia o pérdida patrimonial en la base del ahorro. Voy a ponerte un ejemplo. Imagina que un año realizas los siguientes movimientos:

1. Compraste una parte de bitcoin por 1.000 euros y lo vendiste por 2.000 euros, por lo que ganaste 1.000 euros.
2. Intercambiaste una parte de Ethereum por otra criptomoneda (Bitcoin, por ejemplo). De tal manera que ese Ethereum, cuando lo compraste, costaba 3.500 euros, y ahora vale 4.500 euros, por lo que has ganado otros 1.000 euros.
3. Compraste algo online en una tienda en la que admitían criptomonedas; ese algo puede ser una televisión de alta gama. De tal manera que el 0,05 por ciento de bitcoin que usaste para comprar valía 2.000 euros en el momento en que te pillaste la televisión, pero tú lo compraste por 1.000 euros, y por tanto ganaste otros 1.000 euros.

En total has ganado 3.000 euros y, por tanto, en la declaración de la renta del año siguiente, pagarías el 19 por ciento de impuestos por ese dinero, o sea, 570 euros.

Si hubieras tenido alguna pérdida —por ejemplo, compraste una memecoin inútil por 2.000 euros y la vendiste por 1.000, entonces podrías compensar los 3.000 euros ganados con los 1.000 de pérdidas, y así sólo pagarías el 19 por ciento de 2.000, o sea 380 euros.

A continuación te cuento algunos trucos para pagar menos:

- **Busca la excepción foral sobre el FIFO, que es el criterio oficial.** Si tienes tu residencia fiscal en el País Vasco, allí existe jurisprudencia que lo cuestiona y que permite elegir lotes, pero en el resto de España es obligatorio.
- **Compensa ganancias con pérdidas.** Se pueden compensar ganancias patrimoniales con pérdidas y arrastrar saldo

negativo hasta cuatro años. Además, si sobran pérdidas, se puede compensar hasta el 25 por ciento con rendimientos del capital mobiliario (intereses, *staking*, etcétera), y viceversa.

- **Planifica temporalmente.** Si acumulas muchas ganancias, conviene diferir ventas a enero (cambio de año) o aprovechar ejercicios con pérdidas. Si no vendes, no tributas; pero *staking* y *farming* sí tributan al recibir las recompensas.
- **Evita al máximo los *swaps*.** Los *swaps* tributan: cada permuta cripto-cripto es una transmisión sujeta a ganancia/pérdida; conviene reducir intercambios innecesarios.
- **Denuncia las estafas y los hackeos.** Con denuncia policial (imprescindible), Hacienda admite la pérdida patrimonial en el año, calculada por el coste de adquisición.
- **Modelos informativos y control.** Las casas de cambio (*exchanges*) reportan saldos y operaciones a Hacienda. Además, existe el modelo 721 si superas 50.000 euros en casas de cambio extranjeras, que no te hace pagar más impuestos, pero sí debes presentar.
- **Relleno de renta automatizable.** Existen casillas específicas según el tipo de rendimiento (por ejemplo, los intereses o el *staking* van en rendimientos del capital mobiliario; y las permutas van en ganancias de capital). Es recomendable usar agregadores para consolidar movimientos y evitar errores manuales, porque si no, puedes tirarte días para completar la renta si has hecho muchas compraventas en un año.

13

Estrategia final

Ahora que conoces los principales activos y su tributación, vamos a dedicar este último capítulo a estudiar una estrategia fiscalmente óptima utilizando los fondos de inversión. Éstos gozan de una ventaja única en Europa —ningún otro país la tiene—, que es la traspasabilidad fiscal, la cual permite pagar cero impuestos a lo largo de la vida del fondo, aunque pases el dinero de un fondo a otro constantemente, siempre que se trate de fondos domiciliados en la Unión Europea, que son la inmensa mayoría a los que puedes acceder desde ella. De esta forma, puedes cambiar de estrategia o de gestor de fondos sin pasar por la caja de Hacienda cada vez. Sólo tributarás cuando finalmente vendas y saques el dinero a tu cuenta.

Así, podemos configurar una estrategia de optimización para retrasar el pago de impuestos todo lo posible, lo que se conoce como «diferir la tributación». Mientras tanto, tu dinero sigue invertido al 100 por ciento (efecto «bola de nieve»), potenciando el interés compuesto al no tener que pagar una parte en impuestos en cada movimiento. Podemos comenzar con fondos agresivos mientras todavía nos quedan muchos años para invertir e ir desplazándonos a fondos más conservadores según se acerca el momento de realizar ganancias o de vivir de nuestras inversiones porque ya nos vamos a jubilar.

Supongamos que tu fondo 1 en Indexa Capital ha subido mucho. En vez de venderlo y pagar impuestos este año por la ganancia, puedes traspasar el saldo al fondo 2 de MyInvestor, que se ajusta mejor a tu nueva estrategia. El resultado es la leche, porque no tributas nada ahora por la revalorización que tenías en el fondo 1, y todo tu capital sigue trabajando en el fondo 2. Esto no podrías hacerlo con los ETF. De ese modo, según se aproxime el momento de tu jubilación, puedes vender todo el fondo de inversión y disfrutar de sus rendimientos, o traspasarlo a otro fondo, más conservador, para que sufra poca volatilidad, e ir retirando el capital poco a poco para tributar lo mínimo posible y seguir teniendo alguna rentabilidad.

Lo importante es empezar lo antes posible para aumentar el efecto del interés compuesto libre de impuestos. Aunque tengas cincuenta años, puede que todavía te queden treinta y cinco años de vida. Eso es muchísimo tiempo. ¡Claro, que debes comenzar!

También es posible vender sólo una parte cuando te dé la gana y dejar el resto en herencia, o no vender nada. De hecho, la herencia de fondos indexados es especialmente interesante, porque vehiculiza a la perfección la riqueza generacional. El heredero paga impuesto de sucesiones por el valor del fondo, y luego decide si lo quiere vender o traspasarlo a otro fondo o quedárselo.

El impuesto de sucesiones que pagues dependerá, como ya sabemos, de tu comunidad autónoma y del grado de parentesco. Un fondo de inversión casi siempre lo heredamos de nuestros padres, lo que está muy bonificado (al 99 por ciento) en la mayoría de las comunidades autónomas, y apenas pagarás unos euros en impuestos. Eso sí: si luego vendes y ganas pasta, pagarías IRPF en la base del ahorro (19-30 por ciento) por la plusvalía generada. Esto te afectará con dureza siempre que la plusvalía sea grande. En este caso, tras años invirtiendo, ganarías mucho dinero, en teoría. Pueden ser millones de euros.

Pero ojito aquí: existe una cosa que se llama «plusvalía del muerto». Significa que si en vida nunca vendes nada del fondo, morirás sin haber tributado nada por dicho fondo, y tu heredero tampoco tendrá que hacerlo. El impuesto de sucesiones sí lo pagas, y será pequeño en general, pero IRPF no, si no vendes el fondo aunque lo acabes de heredar.

Esto es increíblemente ventajoso, y vamos a verlo con un ejemplo. Imaginemos una familia formada por un abuelo, su hijo y su nieta.

El abuelo invierte 100.000 euros en un fondo que ahora vale 300.000 euros. Si el día anterior a morir vende, pagará impuestos por la plusvalía (200.000 euros al 23 por ciento, aproximadamente, que son más de 40.000 euros). Pero si no vende, su hijo hereda el fondo y no paga IRPF. Lo mejor de todo es que se entiende que el valor inicial del fondo son 300.000 euros, de tal forma que si vende por 500.000 euros, habrá ganado «sólo» 200.000 euros (y no 400.000 euros).

Pero, mejor todavía, si tampoco vende, y lo hereda la nieta, ella tampoco paga IRPF, y el valor inicial del fondo serán los 500.000 euros. De tal forma que, si vende por 500.001 euros, sólo tributará por 1 euro. O sea, habrá ganado medio millón de euros y sólo pagará 19 céntimos de IRPF. En cambio si el fondo fuera todo de la nieta desde el principio y hubiera metido los 100.000 euros ella y vendiera luego por 500.001 euros, pagaría impuestos por 400.001 euros al 24 por ciento, aproximadamente: unos 90.000 euros. Es la diferencia entre pagar 90.000 euros y 19 céntimos. ¡Alucinante, lo que hace comprender los impuestos! Esto sólo es posible en herencias, en donaciones tendría que pagar IRPF el donante por la revalorización del fondo desde que lo compró.

La herencia es un nuevo punto de partida fiscal; un reseteo que hace que, cuando heredas, el valor de compra que se usa en el futuro sea el valor del fondo el día de la muerte del anterior titular. Lo mismo ocurre con los inmuebles —lo vimos en su capítulo correspondiente— y con cualquier otro activo que se revalorice. Por eso, con bienes que hayan subido de valor, casi siempre es mejor dejarlos para la herencia que donarlos. Dona dinero, que no se revaloriza, o bienes que se hayan mantenido estáticos y deja para la herencia los que disfrutasen de grandes incrementos.

En resumen: el heredero paga impuesto de sucesiones (casi siempre muy bajo, si es descendiente directo); no se paga IRPF si no se vende; y, cuando se vende, se tributa sólo por la plusvalía generada desde que se heredó, gracias al «reset» del valor de adquisición. Esto puede repetirse en generaciones sucesivas y ahorrar decenas de miles de euros en impuestos.

CONCLUSIÓN

> Toda persona con una nueva idea es un loco hasta que la idea triunfa.
>
> MARK TWAIN

La triste deriva del sistema es obvia, a mis ojos. Estamos gobernados por políticos cortoplacistas en Estados elefantiásicos que no logran sobrevivir sin un gasto público masivo. Por ello, los impuestos y la devaluación del dinero no pararán de aumentar sin que lo veamos reflejado en aumentos de calidad de vida ni de optimización de procesos en la Administración.

Es la Administración la que debe estar al servicio del ciudadano, y no al revés. Es ella la que debe facilitarnos los trámites y hacer que todo funcione de forma ágil. Por eso, la cita previa agotada para tantos trámites y que sea necesario pagar por ella a un tercero, como ocurre ahora, es un sinsentido absoluto, que espero que pronto mejore.

Esta deriva del sistema y la disminución del poder adquisitivo es una pena para aquellos que no saben cómo protegerse, porque el fruto de su trabajo se ve devaluado en cuanto lo reciben, sobre todo en el medio y largo plazo, y la brecha entre ricos y pobres no va a parar de aumentar.

Pero siempre, siempre, siempre existen alternativas, tanto dentro como fuera del país, y quien las conoce juega con ventaja. De hecho, quizá precisamente por esa deriva del sistema estemos en la época más fácil para ser rico. ¿Por qué? Porque la mayoría de la gente se limita a seguir la misma línea que sus padres, sin darse cuenta de que todo ha cambiado y de que los salarios netos son, hoy en día y en términos reales, muy inferiores a cuando nuestros padres eran jóvenes. Por suerte, existen infinidad de caminos diferentes, y todo cambia cuando asumes que puedes construir el tuyo propio.

¿Quién me iba a decir que montar un despacho online que ayudase a miles de personas al año captadas a través de las redes sociales y una *newsletter* era una salida profesional? No soy un genio en nada. Y, desde luego, no soy el mejor abogado, ni el mejor asesor fiscal, ni muchísimo menos.

Sin embargo, sí he logrado combinar las cosas que se me dan bastante bien (comunicar, aprender, ser rebelde, emprender) para construir mi propio camino. Ningún profesor me hubiera dicho que ser abogado *tiktoker* con un despacho online y la membresía más grande de España en inversión y fiscalidad era una salida de derecho y ADE.

Hace seis años me prometí que nunca dejaría de hacer nada que quisiera hacer por miedo o por vergüenza. Una vez tienes claro este principio, todo se vuelve mil veces más fácil. Si construyes tu propio camino, crees en ti mismo, no tienes una excusa para cada oportunidad y ayudas en lo máximo posible al resto, es inevitable triunfar.

Para mí, la riqueza se construye aportando valor a la sociedad, trabajando y montando negocios de forma inteligente, y se conserva y multiplica invirtiendo. Esto es lo principal. Conozco a gente que se obsesiona con el tema de los impuestos antes de montar nada o cuando apenas genera dinero, y eso te desvía demasiado del foco.

Con este libro habrás aprendido, sin apenas esfuerzo de búsqueda, cómo reducir la carga impositiva en varias de las principales áreas de tu vida. Puede que algunas de ellas de momento te den igual, pero si en el futuro te afectan, siempre puedes volver atrás.

Esta base que hemos construido con el libro es lo que más cuesta adquirir. Las personas tienden a liarla porque no la tienen. No saben cómo funcionan las herencias y sucesiones; no saben que, si vives en España, no tiene sentido montar una empresa fuera sin sustancia ni dirección efectiva; no conocen siquiera la existencia de los diferentes activos que nuestra ley potencia...

Tú ahora sí. No necesitas la validación ajena. No necesitas recorrer caminos que ya fueron recorridos en vano.

Recuerda, además, que en mi Programa de Inversión Optimizada (<https://leyesdeljuego.es/>) profundizamos en esta inversión a largo plazo con los activos más incentivados fiscalmente en nuestro país para obtener la mayor rentabilidad en el largo plazo, consiguiendo estar décadas o incluso generaciones enteras sin pagar impuestos mientras vamos acumulando millones de euros.

Puede que no te guste, o no quieras invertir en inmuebles; puede que quieras sólo inversiones sostenibles... Cada uno tiene sus preferencias, y para todo hay alternativas que debes aprovechar. Sobre todo porque, como habrás aprendido, es absolutamente imposible conservar poder adquisitivo en el largo plazo en la moneda en que cobras tu salario.

Espero que hayas disfrutado y aprendido leyendo *Ahorra impuestos en todo* tanto como yo escribiéndolo. Nos vemos en mi Programa de Inversión, o en próximos libros (¡ya estoy en ello!).

Un millón de gracias por leer este libro y por confiar en mí.

Agradecimientos

En los años que llevo estudiando derecho fiscal he conocido a grandísimos profesionales, a quienes doy las gracias por todo lo que me han enseñado.

María Orea, colaboradora de mi suscripción premium, de la que he aprendido muchísimo sobre estructuras fiscales en España, y que siempre tiene ideas geniales.

Enrique Alonso Rui Sánchez, quien sin duda es uno de los mejores en asesoramiento fiscal de España, y que, de forma desinteresada, ayuda a la mayor cantidad posible de emprendedores. Confío en él tanto como en los pocos amigos íntimos que tengo desde la infancia.

Alex Algarci, también gran amigo y vecino, a quien admiro por ser una enciclopedia humana en fiscalidad internacional y negocios que ha experimentado todo en su piel antes de montar alternativas para los demás, y que destaca también por su pensamiento crítico y reflexivo.

He gastado decenas de miles de euros en asesoramiento fiscal, hasta que conocí a Sergi Cebreiro Simón, que, con su apertura de mente y su capacidad para encontrar soluciones donde otros ven problemas, es un referente en España.

Muchas gracias a todos ellos.

Anexo I

Checklist de gastos deducibles para autónomos y profesionales

1. GASTOS CLARAMENTE AFECTOS A LA ACTIVIDAD

Son los que siempre deberías deducir si tienes factura y justificación.

- ✓ Compras de mercancías, materias primas, materiales auxiliares, envases, embalajes y combustible.
- ✓ Gastos de transporte y aduanas necesarios para la actividad.
- ✓ Sueldos, salarios, dietas y retribuciones en especie de empleados.
- ✓ Indemnizaciones laborales, seguros sociales y cotizaciones a la Seguridad Social (empresa y autónomo).
- ✓ Arrendamientos y cánones: alquiler de locales, maquinaria o equipos, licencias de uso de marcas y patentes.
- ✓ Cuotas de *leasing* (si cumplen los requisitos: entidad financiera y plazo mínimo).
- ✓ Reparaciones y conservación: mantenimiento de instalaciones, maquinaria o equipos.
- ✓ Servicios profesionales externos: abogados, economistas, asesores, gestores, informáticos, diseñadores, etcétera.
- ✓ Seguros profesionales (responsabilidad civil, enfermedad, local, vehículo afecto).

✓ Intereses de préstamos vinculados a la actividad, comisiones bancarias y gastos financieros.
✓ Gastos de investigación, desarrollo y publicidad.
✓ Cuotas de asociaciones empresariales, colegios profesionales o cámaras de comercio.
✓ Impuestos afectos al negocio: IBI del local, IAE, tasa de basuras, vados, etcétera.
✓ Gastos de oficina: suministros, material de papelería, software, hosting, herramientas digitales.
✓ Formación profesional relacionada: cursos, másteres, membresías o conferencias.
✓ Pólizas de seguros, salarios y contratos mercantiles (traspasos, fianzas, escrituras).

Hacks

• Pide facturas siempre a nombre del negocio con tu NIF profesional.
• Haz un repaso mensual o trimestral de extractos bancarios y tarjetas para no dejar deducciones sin registrar.
• Crea una carpeta digital donde guardes todas las facturas clasificadas por tipo de gasto y mes.

2. GASTOS MIXTOS O CON DEDUCIBILIDAD LIMITADA

Aceptables, pero bajo condiciones y con prueba sólida.

🔎 Teléfono e internet: deducibles si hay línea o factura separada para uso profesional. Si compartes factura, pide desglose.
🔎 Vivienda: si trabajas desde casa, deduce sólo la parte proporcional a los metros dedicados a la actividad (por ejemplo, el 20 o 30 por ciento). En suministros (luz, agua, gas, internet), aplica el 30 por ciento de esa proporción.
🔎 Vehículo: sólo deducible si está afecto de forma exclusiva o

casi exclusiva a la actividad. Pruebas válidas: rotulación, otro coche personal, tickets de parkings o peajes profesionales, agenda de desplazamientos.

- Ropa: deducible sólo si es específica del trabajo (uniformes, batas, cascos, delantales, calzado de seguridad).
- Comidas y viajes: deducibles si están relacionados con el trabajo, con factura y pago electrónico. Límite diario: 26,67 euros en España (48,08 euros en el extranjero) o el doble si hay pernocta.
- Pagos a familiares: deducibles sólo si hay contrato y precio de mercado, y no se trata de bienes comunes.
- Mutualidades de previsión social: sólo deducibles si sustituyen al RETA (como la Mutualidad de la Abogacía).
- Material tecnológico: deducible si el equipo (ordenadores, tabletas, móviles) está afecto al trabajo y puedes justificarlo.
- Formación mixta: libros, membresías o cursos sólo si tienen relación directa con la actividad.

Hacks

- Ten siempre una cuenta y tarjeta separadas para la actividad. Hacienda lo valora mucho.
- Guarda capturas o correos que justifiquen la finalidad profesional de comidas, viajes o compras.
- Si trabajas en casa, conserva plano, fotos y contrato o escritura para probar el porcentaje afecto.
- Crea una hoja de Excel o de control con tres columnas: gasto, justificación y prueba documental.

3. GASTOS NO DEDUCIBLES O CON LÍMITES ESTRICTOS

Son los que Hacienda no admite o limita.

- ✗ Multas, sanciones y recargos.

✗ Donativos y liberalidades (regalos sin relación directa con el negocio).

✗ Gastos con personas o entidades en paraísos fiscales.

✗ Determinadas provisiones y fondos similares a planes de pensiones.

✗ Pérdidas del juego o gastos contrarios al ordenamiento jurídico.

✗ Aportaciones a mutualidades de previsión social del empresario o profesional fuera del RETA.

✗ Cantidades devueltas por cláusulas suelo.

Casos con límite:

🔎 Atenciones a clientes o proveedores: comidas, regalos o invitaciones deducibles sólo hasta el 1 por ciento de la cifra de negocios anual. Los regalos o incentivos a empleados sí son deducibles porque se consideran gasto de personal.

Hacks

• Para regalos o comidas con clientes, guarda siempre la factura a nombre del negocio y un correo o anotación del motivo.

• Clasifica por separado «atenciones a clientes» y «gastos de personal» para no pasarte del 1 por ciento.

• Si haces campañas promocionales o marketing con regalos, identifica en la factura la finalidad comercial (promoción, no liberalidad).

Si dudas sobre un gasto, pregúntate tres cosas: ¿está afecto a la actividad?, ¿tengo factura a nombre del negocio?, ¿puedo demostrar que no es personal? Si respondes sí a las tres, podrás defenderlo ante Hacienda.

Documentar siempre vale más que improvisar. Guarda facturas, justificantes bancarios, contratos y cualquier prueba.

El orden y la trazabilidad son tu mejor escudo fiscal.

Anexo II

Checklist de gastos deducibles para trabajadores por cuenta ajena

CUOTAS DE COLEGIOS PROFESIONALES Y SINDICATOS

Estos gastos nunca vienen en los datos fiscales de Hacienda. Tendrás que introducirlos tú en la casilla correspondiente de rendimientos del trabajo. Busca los recibos o certificados de pago que te haya dado tu sindicato o colegio profesional.

- Cuotas sindicales: son 100 por ciento deducibles sin límite específico.
- Colegios profesionales: sólo son deducibles si la colegiación es obligatoria para tu trabajo y hasta un máximo de 500 euros anuales.

COTIZACIONES DE LA SEGURIDAD SOCIAL

Te puedes deducir los importes que te han descontado de la nómina para pagar tu Seguridad Social. Recuerda que aparecerán en tus datos fiscales, a la derecha del todo en el apartado de «rendimientos del trabajo».

GASTOS DE DEFENSA JURÍDICA

Si te has dejado pasta en procedimientos judiciales de despido, extinción de contrato o reclamación de cantidades, podrás deducirte un tope de 300 euros por estos gastos. Recuerda siempre conservar tus justificantes, al margen de lo que te deduzcas.

OTROS GASTOS DEDUCIBLES

Sólo por haber cobrado dinero como trabajador puedes meter el concepto «otros gastos deducibles» y tener así una reducción de 2.000 euros. Esta reducción puede aumentar en los siguientes casos:

- Movilidad geográfica: si estabas inscrito en una oficina de empleo y aceptas un puesto de trabajo que exija que te mudes a un municipio nuevo, esta reducción aumenta en 2.000 euros adicionales. Se aplica tanto el año de la mudanza como el siguiente.
- Trabajadores con discapacidad: hasta 3.500 euros anuales adicionales. Si además necesitas ayuda de terceras personas o tu discapacidad supera el 65 por ciento, otros 7.750 euros adicionales. Asegúrate de tener reconocida oficialmente la discapacidad en tu comunidad autónoma y márcala en la declaración para que el programa de renta aplique automáticamente estos beneficios. Además, si te reconocen la discapacidad con efecto retroactivo a un año en el que ya presentaste la declaración, presenta una rectificativa para que te devuelvan dinero (pueden ser miles de euros).